바퀴벌레 영단어

바퀴벌레영단어

개정 2판 1쇄 | 2000. 12. 1.
개정 2판 8쇄 | 2005. 10. 1.

지은이 | 조한재
펴낸이 | 이영선
펴낸곳 | 도서출판 서해문집

주 소 | 서울시 마포구 서교동 463-23
전 화 | (02) 3141-3541
팩 스 | (02) 3141-3543
등록일 | 1989년 3월 16일(제20-5호)

ISBN 89-7483-103-1

중딩 읽으면 외워지는 놀라운 효과! 이제 단어 공부는 끝~

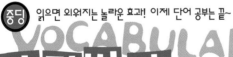

바퀴벌레 영단어

조한재 지음 | 구분선 삽화

서해문집

머리말

영어 단어 학습의 **혁명**

바퀴벌레 영단어 학습법!

이 이상의 영어 단어 학습 방법은 없습니다.

_ '바퀴벌레 영단어' 학습 효과 - 다년간의 실험을 통해 증명되었습니다.

이제부터는 영어 단어를 연습장에 수십 번씩 써가면서 외울 필요가 없습니다. '바퀴벌레 영단어 학습법'은 문장을 읽는 즉시 영어 단어의 쓰임새와 뜻이 바로 뇌에 전달되는 전혀 새로운 단어장입니다. 저자가 수년간 수험생을 지도하며 개발한 '바퀴벌레 영단어 학습법'은 실제 입시에서도 그 효과가 증명된 놀라운 학습법이지요.

_ '바퀴벌레 영단어' 는 단순하면서도 효과적합니다.

예를 들어 fat과 adult를 암기한다고 합시다.

지금까지는 "fat 뚱뚱한, fat 뚱뚱한…" "adult 어른, adult 어른…" 하면서 무턱대고 외웠을 것입니다. 몇 번을 외워도 fat과 adult의 단순한 뜻인 '뚱뚱한', '어른'이라는 글자만 외우게 되지요. 또 이렇게 외운 단어들은 쉽게 잊어버릴 뿐만 아니라 필요한 상황에서 단어가 바로 안 떠오릅니다. 당연히 영어 단어 공부는 지루하고, 성과도 그다지 안 나오지요.

영어 단어는 그 단어의 단순한 뜻만이 아니라, 그 영어 단어가 쓰이는 상황과 뜻이 하나의 이미지로 떠올라야 오랫동안 기억되고, 또 필요할 때 금방 머리에 떠오릅니다.

- 먹기만 하고 운동을 하지 않으면 금방 fat 해질 것이다.
- 미성년자는 그 영화를 볼 수 없다. adult 만 볼 수 있는 영화다.

앞 문장을 읽어보면 어떤 상황인지가 머리에 그려지고, 그 속에서 fat,

adult라는 단어가 어떤 뜻인지 쉽게 추측할 수 있습니다.

그냥 외우는 것과 비교하면, 차이가 엄청나죠.

_재미있는 상황 속에서 익히는 '바퀴벌레 영단어 학습법' - 모든 언어 학습의 핵심입니다.

우리말을 어떻게 배웠더라? 한글을 배울 때, 입으로 여러 번 중얼거리며 외웠던가? 아니면 수십 번씩 공책에 써가면서 외웠나?

우리는 우리말을 상황 속에서 익혀왔습니다. 어렸을 때부터, 생활 속의 여러 가지 상황에서 보고 들으면서 낱말의 뜻을 알고, 어떻게 사용되는지를 익힌 것이지요. 바로 이 방법이야말로 가장 좋은 언어 학습법입니다.

실제 상황 속에서 언어를 배우는 방법, 여러 가지 재미있는 상황이 담긴 문장을 읽으며 영단어의 뜻과 쓰임새를 기억하는 방법, 이것이 바로 '바퀴벌레 영단어 학습법' 입니다.

_중학생 여러분!

[영어 단어 → 한글 뜻풀이 → 뇌]라는 낡은 3단계 암기법을 버리세요!

이제 읽는 즉시 영어 단어의 뜻과 쓰임새가 뇌에 바로 흡수되는 〈바퀴벌레 영단어 학습법〉으로 바꿔보세요.

그러면 여러분은 영어 단어 공부에 새로운 흥미와 놀라운 효과를 동시에 경험하게 될 것입니다.

자, 영어 단어를 어떻게 공부할 것인가?

어떤 단어장을 선택할 것인가?

《바퀴벌레 영단어》가 여러분의 고민을 해결해 줄 것입니다.

영어 단어, 이제 외우지 말고
그냥 읽기만 하세요.

1998년 7월

조 한 재

_영어 단어와 관련된 기타 사항은 통신아이디 uncut(하이텔, 천리안)으로 문의주시면 친절히 답변해 드리겠습니다.

차례

머리말 5

일러두기   8

1단계 : 필수 단어 ——————————— 11

중학 교과서에 나오는 단어 가운데 중학생 수준에서 반
드시 알아야 할 단어들로서 영어회화와 기초학습에 필수
적인 단어 268개

2단계 : 핵심 단어 ——————————— 63

영어 시험에 자주 나오고, 시험 문제풀이에 핵심적인 역
할을 하는 단어 303개

3단계 : 도전 단어 ——————————— 129

영어 시험 만점에 도전하는 최고 수준의 단어 544개

부록 ——————————————————— 243

• 인칭 및 의문 대명사의 변화 245 / 자주 쓰이는 줄임말 245 / 영어의 모
  음과 자음, 발음기호 246 / 반의어 만들기 247 / 불규칙 동사 248

• 찾아보기 253

• 퍼즐 정답 264

잠깐 쉬어가기

퍼즐 게임 32, 74, 102, 138, 188, 224

가족 관계 35 / 사계절·월·요일·숫자 이름 75 / 동물 이름 103 / 도형 이름
126 / 과일·야채 이름 139 / 산과 강 주위의 사물들 이름 160 / 우리 몸 각 부위
189 / 나라·방향·색깔 이름 225

일러두기

1. 먼저 예문을 읽으면서 단어의 뜻을 추측해 본다.
2. 예문 바로 다음에 나오는 영어 단어의 영영 해설을 보고 위에서 추측한 것과 비교해본다.
3. 그래도 잘 모르면 페이지 아래 **훔쳐보기** 에 나오는 뜻을 본다.
4. 이 과정에서 하나의 단어에는 여러 가지 이미지가 쌓이고 우리의 뇌는 그 단어의 쓰임새와 뜻을 입체적인 그림으로 기억한다.
   (※단어 옆에 나오는 → 몡 등은 그 단어의 파생어이고, 오른쪽 끝에 나오는 몡 동 등은 예문에 쓰인 그 단어의 품사를, 윤는 유사어, 반은 반의어를 나타낸다.)
5. 중간중간 **잠깐 쉬어가기** 코너에서 퍼즐게임과 영어상식으로 여러분의 영어 실력을 테스트해 보세요.

《중학 바퀴벌레 영단어》는 중학 영어 단어를 크게 3단계로 분류해 놓았다.

1단계 필수 단어는… 중학 8종교과서에 나오는 단어 가운데 중학생 수준에서 반드시 알아야 할 단어들로서 영어회화와 기초학습에 필수적인 단어들이다.
2단계 핵심 단어는… 중학 영어 시험에 자주 나오는 단어들로서, 문제풀이에 핵심적인 역할을 하는 단어들이다.
3단계 도전 단어는… 영어 시험 만점에 도전하는 최고수준의 단어들이다.

필수 단어

중학 교과서에 나오는 단어 가운데 중학생 수준에서 반드시 알아야 할 단어들로서 영어회화와 기초학습에 필수적인 단어 268개

arrive [əráiv] → 명 arrival   동

> 유 reach 반 leave, depart
> • 우리가 타고 있는 이 비행기는 뉴욕에 언제쯤 **arrive** 합니까?(=
>   get to the place you are going to)
> • 네가 그곳에 무사히 **arrive** 하면, 집에 전화연락을 해라.

find [faind]   동 동

> 반 lose
> • 그들은 며칠 전에 잃어버린 강아지를 학교 앞에서 **find** 했다.(=
>   look for and discover)
> • 그가 정신이 들었을 때, 그는 자신이 병원에 있는 것을 **find** 했
>   다.(=learn about; come to know)

bad [bæd]   형

> 반 good
> • 너에게 두 가지 소식을 전해주겠다. 하나는 good news(좋은 소식)
>   이지만, 다른 하나는 **bad news** 다.(=not good; unpleasant)
> • 그 음식점은 가격도 비싸지만 서비스도 **bad** 하기 때문에, 그곳에
>   가지 않는 것이 좋겠다.

catch [kætʃ]   동

> 반 release, free
> • 너의 역할은 포수다. 투수가 던지는 공을 잘 **catch** 해야 한다.(=
>   take hold of)

wait [weit]   동

> • 서둘러라. 공항에서 모든 사람들이 너를 **wait** 하고 있다.(=do
>   nothing or stay in a place until something expected happens)
> • 그는 20분째 정류장에서 버스를 **wait** 하고 있다.
> • 내가 돌아올 때까지 여기서 **wait** 해라.

훔 쳐 보 기

* arrive	• 도착하다, 도달하다	* bad	• 나쁜, 좋지 않은
* find	• 발견하다, 찾아내다	* catch	• 잡다, 붙잡다
	• 알다, 깨닫다	* wait	• 기다리다

different [dífərənt] → 뎽 difference 〔혱〕

유 unlike 世 same, similar, alike

- 그의 생각은 내 생각과 완전히 **different** 하다. 비슷한 점을 찾아 볼 수가 없다.(=not alike)

fat [fæt] 〔혱〕

世 thin, slim, lean

- 먹기만 하고 운동을 하지 않는다면 **fat** 해질 것이다.(=heavy; overweight)

balance [bǽləns] → 뙹 balance 〔뎽〕

- 우리 반의 남녀 숫자는 **balance** 를 이루고 있다. 남녀 각각 20명 씩 모두 40명이다.(=equality in amount, weight, importance or value between two things)
- 할머니는 빙판 길에서 **balance** 를 잡지 못하고 넘어지고 말았다.

dry [drai] → 뙹 dry 〔혱〕

世 wet

- 새로 칠한 페인트가 **dry** 할 때까지 이곳을 건드리지 말아라.(= free from liquid or moisture; not wet)
- 그녀는 햇볕에 걸어 놓은 빨래가 **dry** 한지 확인해 보았다.

fresh [freʃ] 〔혱〕〔혱〕

世 old

- 오른쪽에 있는 빵은 어제 만든 것이지만, 왼쪽에 있는 빵은 만든 지 10분밖에 안되는 **fresh** 한 빵이다.(=just made, grown, or gathered)
- 시골에서 **fresh** 한 공기를 마시니까 기분이 매우 좋다.(=clean and cool)

훔 쳐 보 기

* different	• 다른	* fresh • 싱싱한,
* fat	• 살찐, 뚱뚱한	만든 지 얼마 안되는
* balance	• 균형, 평형	• 신선한
* dry	• 마른, 건조한	

hard [ha:rd] 휑 휑

(반) soft, easy

- 땅이 돌처럼 **hard** 해서, 삽으로 땅을 팔 수가 없다.(=not easy to cut, bend, or crush; firm and stiff)
- 시험문제가 쉬운 편이었지만, 두세 문제는 **hard** 했다.(=not easy to do or understand; difficult)

important [impɔ́:rtənt] → 몡 importance 휑

(반) trivial, unimportant

- 그 문서가 너에게는 사소한 것일지 모르지만, 나에게는 매우 **important** 한 것이다.(=having great value)
- 대학 입학 시험이 있는 내일은 인생에서 가장 **important** 한 날이다.

believe [bilíːv, bə-] → 몡 belief 됭

(반) deny, doubt

- 그녀는 순진해서 그녀는 언니가 말한 것을 모두 **believe** 했다.(=accept as true or real)

interested [íntəristid, -trəst, -tərèst-] → 몡 interest 휑 interesting 휑

- 그는 천문학에 **interested** 한 것 같다. 그의 책꽂이에는 천문학에 관한 책들이 가득 꽂혀 있다.(=wanting to know or hear about something or someone)
- 그 회사는 제품을 파는 데만 **interested** 한 것 같다. 제품의 애프터서비스(A/S)에는 신경을 쓰지 않는다.

change [tʃeindʒ] → 몡 change 됭

- 우리의 계획이 **change** 되었다. 오늘 저녁이 아니라 내일 아침에 떠나기로 했다.(=make or become different)
- 그는 등산을 가려고 했다가 마음을 **change** 해서 바다에 가기로 했다.

훔쳐보기

* hard	• 딱딱한, 단단한	* believe	• 믿다, 사실로 생각하다.
	• 어려운, 난해한	* interested	• 관심있는, 흥미있는
* important	• 중요한	* change	• 바꾸다, 변경하다

learn [ləːrn] 〔동〕

- 그녀는 선생님으로부터 피아노 치는 법을 **learn** 하고 있다.(=get some knowledge or skill)
- 그는 운전 학원 강사로부터 운전하는 법을 **learn** 하고 있다.

difficult [dífikʌlt, -kəlt] → 〔명〕 difficulty 〔형〕

〔유〕 hard 〔반〕 easy

- 선생님은 우리들에게 매우 **difficult** 한 문제를 내주었다. 그 문제를 푼 사람은 아무도 없었다.(=not easy to do or understand)

live [liv] → 〔명〕 life 〔동〕〔동〕

〔반〕 die

- 그는 아직도 조그만 아파트에서 그의 부모님과 함께 **live** 하고 있다.(=make one's home; dwell)
- 인간은 물 없이는 **live** 할 수 없다.(=be or remain alive)
- 거북이나 코끼리처럼 사람보다 오래 **live** 하는 동물들도 있다.

move [muːv] 〔동〕

- 내가 몸을 **move** 할 때마다 어깨에 통증이 느껴진다.(=change the position or place of)
- 길에서 넘어진 후에, 다리를 **move** 할 때마다 다리에 통증이 느껴진다.
- 증명 사진을 찍을 때는 머리를 **move** 하지 말아야 한다.

pay [pei] → 〔명〕 pay 〔동〕

- 그는 자동차 수리비용으로 20달러를 **pay** 했다.(=give money for something or for services obtained)
- 아르바이트생이 일한 대가로 나는 아르바이트생에게 30만원을 **pay** 해야 한다.

훔쳐보기

* learn	• 배우다, 익히다	• 살다, 생존하다
* difficult	• 어려운	* move • 움직이다, 이동하다
* live	• -에 살다	* pay • 지불하다

carry [kǽri] 〈동〉

- 친구들은 나를 도와서 밖에 있는 짐들을 집안으로 **carry** 했다.(= take from one place to another)

quiet [kwáiət] 〈형〉

〈유〉 silent 〈반〉 loud, noisy
- 도서관에서는 사람들이 책을 읽는 데 방해되지 않도록 **quiet** 해야 한다.(= making little or no noise; silent)

return [ritə́:rn] 〈동〉

- 그는 집을 떠난 지 3년만에 다시 집으로 **return** 했다.(= go or come back; bring, give, send or put back)
- 근로자들은 파업이 끝난 후에 다시 일터로 **return** 했다.
- 나는 그녀에게 빌린 책을 다시 그녀에게 **return** 했다.

clean [kli:n] → 〈동〉 clean 〈형〉

〈유〉 neat, tidy 〈반〉 dirty
- 창문은 매우 **clean** 해서 더 이상 닦을 필요가 없다.(= free from dirt or stains; not dirty)

save [seiv] 〈동〉〈동〉〈동〉

〈반〉 waste, spend
- 그는 자전거를 사기 위해 매달 얼마의 돈을 은행에 **save** 하고 있다.(= set apart for future use)
- 어떤 사람이 미끄러져 절벽 아래로 떨어지려고 할 때, 나는 그의 팔을 붙잡아서 그를 **save** 했다.(= make safe; rescue from danger)
- 그는 자동차 부품 교체를 자신이 직접 함으로써 경비를 **save** 했다.(= keep from or avoid wasting or spending)

훔쳐보기

* carry	• 운반하다, 나르다
* quiet	• 조용한
* return	• (되)돌아가(오)다, 되돌려주다
* clean	• 깨끗한
* save	• 저축하다
	• 구조하다, (생명을) 구하다
	• 절약하다

throw [θrou]   동

   반 catch, receive

- 그는 힘껏 공을 **throw** 했다. 그러나 기록은 20m 정도밖에 되지 않았다.(=send something through the air by pushing it out of one's hand)
- 그는 돌멩이를 집어들고 강물을 향해 **throw** 했다.

visit [vízit]   동

- 우리는 주말에 할머니 댁을 **visit** 할 예정이다.(=go or come to see)
- 어제 우리들은 선생님과 함께 동물원을 **visit** 했다.
- 그녀가 병원에 입원해 있을 때, 그녀의 남자 친구는 매일 그녀를 **visit** 했다.

dirty [dá:rti] → 명 dirt   형

   반 clean

- 손이 **dirty** 하구나. 손씻고 와서 밥먹으렴.(=full of dirt; not clean)

burn [bə:rn]   동

- 담배꽁초 하나 때문에, 통나무로 지은 집이 모두 **burn** 해버려서 재만 남았다.(=be on fire)
- 고기를 너무 **burn** 해서, 시커멓게 되어 버렸다. 먹을 수 가 없을 것 같다.

strong [strɔ(ː)ŋ, strɑŋ]   형 형

   유 powerful, solid 반 weak

- **strong** 한 바람이 많은 나뭇가지들을 부러뜨렸다.(=heaving great physical or mental strength; forceful)
- 사납고 덩치가 큰 개를 묶어두기 위해서는 **strong** 한 끈이 필요하다.(=not easily broken or destroyed)

훔쳐보기

* throw	• 던지다	* burn	• 불에 타다, 불에 태우다
* visit	• 방문하다, 찾아가다	* strong	• 강력한, 힘센
* dirty	• 더러운		• 튼튼한

close [klouz]　　　　　　　　　　　　　　　　　　　　動 形

　　반 open, far, distant
- 찬바람이 들어오지 않도록 창문을 **close** 해라.(=shut)
- 은행은 오전 9시 30분에 문을 열어서 오후 5시에 **close** 한다.
- 우리 집은 지하철역과 **close** 하기 때문에 교통이 편리하다.(= near)

worry [wə́:ri, wʌ́ri]　　　　　　　　　　　　　　　　　　動
- 그의 부모는 군대에서 추위에 떨고 있을 아들의 건강을 **worry** 하고 있다.(=be anxious; be concerned)

call [kɔ:l] → 名 call　　　　　　　　　　　　　　　　　動
- 친구들이 나의 이름을 **call** 하는 소리가 들려서 뒤를 돌아보았다.(=speak or say in a loud voice)

art [ɑ:rt]　　　　　　　　　　　　　　　　　　　　　　名
- 회화, 건축, 조각, 음악, 문학, 연극 등은 **art** 의 형태이다.(=the expression or making of something that is beautiful)

earth [ə:rθ]　　　　　　　　　　　　　　　　　　　　　名
- 우리가 살고 있는 **the earth** 는 1년에 1번 태양의 주위를 회전한다.(=this world; the planet on which we live)

bath [bæθ, bɑ:θ]　　　　　　　　　　　　　　　　　　　名
- 그는 집에 돌아와서 따뜻한 물로 **take a bath**한 후에 잠자리에 들었다.(=the act of washing the body with water)

energy [énərdʒi] → 形 energetic　　　　　　　　　名 名
- 그는 맡은 일을 제시간에 끝내기 위해서 모든 **energy** 를 그곳에

훔쳐보기

* close	• 닫다	* earth	• 지구
	• 가까운	* bath	• 목욕
* worry	• 걱정하다, 염려하다		take a ~ 목욕하다
* call	• 부르다, 외치다	* energy	• 정력, 힘
* art	• 예술		• 에너지

쏟았다.(=power to work or be active)
- 전기와 열은 **energy** 의 한 형태이다.(=the power from things like electricity that makes machines work)

care [kɛər] → 통 care 형 careful, careless　　　　명 명
- 이 도자기는 깨지기 쉬우니 **care** 하게 다루어야 한다.(=caution)
- 밤늦도록 들어오지 않는 딸 때문에 어머니의 마음은 **care** 로 가득 차 있다.(=a feeling of fear, concern, or worry)

face [feis]　　　　명
- 범죄자들은 자신의 모습이 TV에 나오지 않도록 손으로 **face** 를 가렸다.(=the front part of the head from the forehead to the chin)

wrong [rɔ:ŋ, rɑŋ]　　　　형
반 correct, right
- 그가 써낸 답은 2개만 맞고, 나머지는 모두 **wrong** 하다.(=not true or not correct; not right)
- 그녀는 나에게 **wrong** 전화번호를 알려준 것 같다. 전화를 걸어 보니 다른 곳이 나온다.

child[tʃaild] → pl. children　　　　명
반 adult, parents
- 그는 열 살 먹은 **child** 에 불과하다. 그에게 너무 많은 것을 기대해서는 안 된다.(=a boy or girl; a son or daughter of any age)
- 그녀는 두 명의 **children** 이 있는데 한 아이는 13살, 다른 아이는 10살이다.

place [pleis] → 통 place　　　　명
- 자동차 사고가 발생했던 **place** 에서는 아직도 핏자국이 남아 있었다.(=an area; region; location)

훔쳐보기

* care	• 조심, 주의 • 걱정, 근심	* wrong	• 틀린, 잘못된
		* child	• 아이, 어린이
* face	• 얼굴	* place	• 장소, 곳

feel [fiːl] 동동동

- 그는 교통사고를 당하고 나서 다리에 심한 통증을 **feel** 했다.(=be aware of by means of a physical sensation)
- 그는 외국에서 한 달 동안 생활한 후에 영어의 필요성을 **feel** 했다.(=experience a need or desire)
- 이 옷감이 얼마나 부드러운지 직접 **feel** 해봐라(=be or become aware of through sense of touch)

wash [waʃ, wɔ(ː)ʃ] 동

- 손이 더러워서 비누로 손을 **wash** 했다.(=clean with water or other liquid, often with soap)
- 그는 물로 자동차를 **wash** 하는 데 1시간을 써버렸다.

sweet [swiːt] 형

- 설탕, 사탕, 케이크 등은 **sweet** 한 맛이 나는 것들이다.(=having the taste of sugar or honey)

finger [fíŋgər] 명

- 어린이들은 흔히 자신의 **finger** 를 이용하여 숫자를 센다.(=one of the five end parts of the hand)

wise [waiz] 형

(반) foolish

- 해고당하기 전에 직장을 그만둔 것은 **wise** 한 선택이었다.(=having or showing good judgment)
- 주식이 폭락하기 전에 그가 갖고 있던 주식을 팔아버린 것은 **wise** 한 판단이었다.
- 어제 일어났던 사고에 대해 그녀에게 바로 이야기하지 않은 것은 **wise** 한 판단이었다. 그녀가 그 사고에 관한 이야기를 듣는다면 심장마비를 일으킬지도 모르기 때문이다.

훔쳐보기

* feel	• 느끼다	* sweet	• 달콤한, 단맛이 나는
	• 느끼다, 깨닫다	* finger	• 손가락
	• 만져서 알아보다, 감지하다	* wise	• 현명한, 분별있는
* wash	• 씻다		

ask [æsk] 통

(반) answer, reply
- 선생님은 나에게 장래 희망이 뭐냐고 **ask** 했다.(=say a question; put a question to)
- 나는 시계가 없어서 친구에게 몇 시인지를 **ask** 했다.
- 그녀는 상점의 점원에게 바지의 가격이 얼마인지를 **ask** 했다.

floor [flɔːr] 명 명

- 공연장에 의자가 충분하지 않았기 때문에 몇몇 사람들은 **floor** 에 앉아야만 했다.(=the bottom part of a room, hall, etc.)
- 그는 아파트의 가장 높은 **floor** 에서 살고 있다.(=a level of a building)

turn [təːrn] 통 통

- 그 자동차는 직진하다가 사거리에서 오른쪽으로 **turn** 했다.(= change direction or course)
- 손잡이를 **turn** 해서 앞으로 밀면 문이 열린다.(=move or move cause to around a center; rotate)

fly [flai] → 명 flight 통

- 비행기가 우리 집 위로 **fly** 하고 있다.(=move through the air on wings, as a bird or an airplane)
- 날개가 있지만 실제로 **fly** 하지 못하는 새들도 있다.

food [fuːd] 명

- **food** 를 많이 먹고 운동을 하지 않으면 살이 찌기 마련이다.(= anything that a plant, animal, or person can take in and use for energy and for life and growth)
- 아기들이 주로 먹는 **food** 중의 하나가 우유이다.

훔쳐보기

* ask	• 묻다, 질문하다	• 돌(리)다, 회전하다(시키다)
* floor	• 바닥, 마루	* fly · 날다
	• 층	* food · 음식
* turn	• 방향을 바꾸다	

enjoy [endʒɔ́i] → 형 enjoyable 동

- 아버지는 주말에 테니스 치는 것을 **enjoy** 한다.(=get joy or pleasure from)
- 그는 운전할 때 음악 듣는 것을 **enjoy** 한다.

fool [fu:l] 명

- 그는 엄청난 실수를 했다는 것을 알고서, 자신이 **fool** 이라고 느껴졌다.(=a person who is silly or lacks sense)

train [trein] 동 명

- 한 달 후에 있을 마라톤 대회에 대비하여 그는 하루에 5시간씩 **train** 하고 있다.(=practice; make ready or become fit for some contest or sport)
- **train** 은 사람뿐만 아니라 화물도 운반할 수 있으며, 자동차에 비해 사고발생확률도 적다.(=a line of connected railroad cars pulled by a locomotive)

smoke [smouk] 명 동

- 담배에서 나오는 **smoke** 때문에 눈이 따갑다.(=the gas that you can see in the air when something is burning)
- 공장의 굴뚝에서 나오는 **smoke** 가 하늘로 올라가고 있다.
- 도서관이나 지하철 등 공공 장소에서 **smoke** 하는 것은 위법이다.(=draw in and blow out smoke from burning tobacco)
- 대부분의 나라에서는 청소년들이 술마시는 것과 **smoke** 하는 것이 금지된다.

travel [trǽvəl] → 명 travel 동

- 그 부부는 1년 동안 세계 여러 곳을 **travel** 했다.(=go on a journey)

훔쳐보기

* enjoy	• 즐기다, 즐거움을 얻다	* smoke	• 연기
* fool	• 바보, 멍청이		• 흡연하다, 담배피다
* train	• 훈련하다, 연습하다	* travel	• 돌아다니다, 여행하다
	• 기차		

free [fri:] 형형형

- 새장에 갇혀 있던 새들이 **free** 하게 되자마자, 새들은 하늘로 날아갔다.(=not tied up; not controlled by another or others)
- 우리 나라가 축구경기를 이겼기 때문에, 오늘 이 술집에서 파는 맥주는 **free** 하다.(=without cost; costing nothing)
- 너는 지금 매우 바쁜 것 같다. 네가 **free** 할 때 너와 얘기하고 싶다.(=not busy)

church [tʃə:rtʃ] 명

- 우리 가족은 매주 일요일 **church** 에 가서 예배를 드린다.(=a building for public worship)

fruit [fru:t] 명

- 사과, 배, 바나나, 파인애플, 수박 등을 **fruit** 라고 부른다.(=the part of a flowering plant that contains seeds)

dark [dɑ:rk] → 명 darkness 형

   반 light, bright
- 이곳은 너무 **dark** 해서 책을 읽을 수가 없다. 불을 켜야겠다.(=without light)

full [ful] 형

   반 empty, vacant
- 가방은 이미 **full** 이다. 더 이상 옷을 집어넣을 수가 없다.(=holding as much as possible; filled)
- 버스는 이미 **full** 이어서 앉을 자리가 없었다. 그래서 다음 버스를 기다리기로 했다.

glad [glæd] 형

   반 unhappy, sad

훔쳐보기

* free	• 자유로운	* fruit	• 과일
	• 공짜의, 무료의	* dark	• 어두운, 캄캄한
	• 한가한	* full	• 가득찬, 꽉찬
* church	• 교회	* glad	• 기쁜, 만족한

- 나는 거리에서 우연히 옛 친구를 만나서, 매우 *glad* 하다.(= pleased; happy)
- 병원에 입원해 계신 어머니의 건강이 많이 회복되어서 매우 *glad* 했다.

watch [wɑtʃ, wɔːtʃ]   동
- 우리들은 거실에 모여서 TV를 *watch* 했다.(=look at; observe)
- 경찰은 살인강도 용의자가 숨어 있는 집 앞에 잠복해서 그 집을 계속 *watch* 했다.
- 운동장의 관중들은 한국과 일본의 축구 경기를 *watch* 했다.

swim [swim]   동
- 그는 *swim* 할 줄을 모르기 때문에 강에 들어가는 것을 무서워한다.(=move through water by moving the arms, legs, or fins)

play [plei] → 명 play   동
- 아이들은 하루 종일 공부만 할 수는 없다. 밖에 나가서 *play* 하는 시간도 필요하다.(=have fun; engage in sports or games)

glass [glæs, glɑːs]   명
- 깨진 *glass* 조각에 손을 베었다.(=a hard, usually clear substance that breaks easily)

tear [tɛər]   명 동
- 그녀는 슬픈 영화를 보고 나서 *tear* 를 흘리고 말았다.(=a drop of water that comes from your eye when you are crying, etc.)
- 그는 화가 나서 그 종이를 두 조각으로 *tear* 해버린 다음 휴지통에 버렸다.(=pull or be pulled into pieces by force; split)

grass [græs, grɑːs]   명
- 국제 축구 경기는 *grass* 위에서 하는 것이 원칙이지만, 어린이들

훔쳐보기

* watch	• 지켜보다, 바라보다	* glass	• 유리
* swim	• 헤엄치다, 수영하다	* tear	• 눈물
* play	• 놀다		• 찢다

의 축구 경기는 맨 땅에서 하기도 한다.(=a plant with long, narrow, green, bladelike leaves)

begin [bigín]　　　　　　　　　　　　　　　　　　동

　⑨ start ⑪ stop, end, finish
- 학교 수업은 오전 9시에 ***begin*** 한다.(=start)
- 공연이 언제 ***begin*** 됩니까? 오후 7시입니다.

hair [hɛər]　　　　　　　　　　　　　　　　　　　명

- 너의 ***hair*** 가 너무 길다. 미용실에 가서 자르는 것이 좋겠다.(= one of the long thin things that grow on the skin of people and animals)

wish [wiʃ]　　　　　　　　　　　　　　　　　　동 명

- 그들은 네가 라디오의 볼륨을 줄여주기를 ***wish*** 하고 있다.(=long for; want; desire)
- 그의 첫 번째 ***wish*** 는 빨간 스포츠카를 갖는 것이다.(=a strong desire for something)

half [hæf, hɑːf]　　　　　　　　　　　　　　　　　명

- '1시간' 의 ***half*** 는 30분이다.(=one of two equal parts of something)

fall [fɔːl]　　　　　　　　　　　　　　　　　　　동

　⑨ drop ⑪ rise
- 나뭇잎들이 하나둘씩 ***fall*** 하는 것을 보니 가을이 왔나보다.(= drop down towards the ground)
- 그는 사다리를 타고 올라가다가 아래로 ***fall*** 해서 다리가 부러졌다.

thank [θæŋk]　　　　　　　　　　　　　　　　　　동

- 그녀는 내가 짐을 들어준 것에 대해 ***thank*** 했다.(=say that one is

훔쳐보기

* grass	• 잔디, 풀밭		• 소망, 소원
* begin	• 시작하다, 개시하다	* half	• 절반, 1/2
* hair	• 머리(머리털)	* fall	• (아래로)떨어지다
* wish	• 원하다, 바라다	* thank	• 감사하다, 고마워하다

grateful)

snow [snou] 명

- 어제 밤에 내린 ***snow*** 가 햇빛에 많이 녹았다.(=soft, white pieces of frozen water that fall from the sky)

happen [hǽpən] 동

- 그 자동차 사고는 어제 오후 3시경에 ***happen*** 했다.(=take place; occur)
- 어제 밤에 그녀에게 어떤 일이 ***happen*** 했는지 알고 있습니까?

date [deit] 명

- 그 부부가 결혼한 ***date*** 는 1990년 7월 8일이다.(=the month, day, and year of a happening)

teach [ti:tʃ] 동

반 learn

- 그 선생님은 중학생들에게 영어를 ***teach*** 하고 있다.(=give instruction; give knowledge of or lessons in)
- 아버지는 나에게 물고기 낚는 법을 ***teach*** 해 주었다.

happy [hǽpi] 형

반 unhappy, sad

- 그녀가 친구들로부터 선물을 받았을 때, 그녀는 ***happy*** 해 보였다.(=pleased; contented; joyful)
- 그녀의 ***happy*** 한 모습을 보니, 그녀가 받은 월급이 기대 이상이었나 보다.

wear [wɛər] 동 동

반 take off

훔쳐보기

* snow	• 눈	* teach	• 가르치다
* happen	• 발생하다, 어떤 일이 일어나다	* happy	• 행복한, 만족한, 기쁜
* date	• 날짜	* wear	• 입고 있다, 착용하다 • 닳다, 마모하다

- 그는 빨간색 반소매 티와 헐렁한 청바지를 ***wear*** 하고 있기 때문에 눈에 금방 띄었다.(=have or carry on the body)
- 그녀는 보통 때와는 달리 오늘 안경을 ***wear*** 하고 일을 했다.
- 바위들이 계속되는 파도 때문에 미끈미끈하게 ***worn*** 해졌다.(= change by use; damage gradually by use; make a hole in by rubbing)
  (* 참고:worn은 wear의 과거분사)

heavy [hévi] 　　　　　　　　　　　　　　　　　　　　　　　형
　　⊕ light
- 그 짐은 너무 ***heavy*** 해서 할머니가 혼자 들 수 없다.(=weighing a lot)

story [stɔ́ːri] 　　　　　　　　　　　　　　　　　　　　　　　명
- 우리들은 모닥불에 둘러앉아서 할머니가 해주는 무서운 ***story*** 를 듣고 있었다.(=the telling or writing of some happening, either real or imagined)

city [síti] 　　　　　　　　　　　　　　　　　　　　　　　　명
- 그는 시골에서 ***city*** 로 이사온 지 얼마 안돼서 아직 적응을 하지 못하고 있다.(=a place where many people live and work)

help [help] → 형 helpful 명 help 　　　　　　　　　　　　동
　　⊕ aid, assist
- 그는 그녀가 짐을 운반하는 것을 ***help*** 했다.(=assist)
- 이 무거운 짐을 혼자서 드는 것이 어렵습니다. 짐 운반하는 것을 ***help*** 해 주시겠습니까?
- 나는 어머니가 설거지하는 것을 ***help*** 했다.

joke [dʒouk] → 동 joke 　　　　　　　　　　　　　　　　명
- 나는 지금 ***joke*** 를 하고 있는 것이 아니다. 심각하게 얘기하고 있는 것이다.(=a short, funny story)

──────────── 훔 쳐 보 기 ────────────

* heavy	• 무거운	* help	• 돕다
* story	• 이야기	* joke	• 농담
* city	• 도시		

- 그가 재미있는 **joke** 를 해서 우리 모두 웃었다.

speak [spiːk]　　　　　　　　　　　　　　　　　　　　　　　동
- 나는 목이 아파서 **speak** 할 수 없다.(=say words; talk)
- 주변에서 나는 시끄러운 소리 때문에 네가 **speak** 하는 것이 잘 들리지 않는다.

high [hai] → 명 height　부 high　　　　　　　　　　　　형
반 low
- 벽이 **high** 해서 밖을 내다볼 수가 없다. 의자 위에 올라서야 밖을 볼 수 있다.(=tall; extending far upward)

son [sʌn]　　　　　　　　　　　　　　　　　　　　　　　　명
- 그녀는 두 명의 **son** 과 딸 하나가 있다.(=a male offspring or child)

hit [hit] → 명 hit　　　　　　　　　　　　　　　　　　　동
- 누군가가 내 머리를 **hit** 하고, 나의 핸드백을 뺏어 달아났다.(= (cause to) strike; come against with force)
- 그 타자는 투수가 던진 공을 야구배트로 **hit** 했다.
- 운전자의 부주의로 자동차는 나무에 **hit** 했다.

future [fjúːtʃər]　　　　　　　　　　　　　　　　　　명 명
반 past
- 앞으로 다가올 **future** 에는 컴퓨터가 우리 생활에 커다란 부분을 차지할 것이다.(=the time after the present)
- **future** 에 일어날 일을 정확히 아는 사람은 아무도 없다.
- 여러 가지 상황으로 보아 그 회사의 **future** 는 불확실하다.(= what will happen to someone or something)

holiday [hálədèi / hɔ́lədèi]　　　　　　　　　　　　　　명
유 vacation

훔쳐보기			
* speak	• 말하다, 이야기하다	* hit	• 때리다, 치다, 부딪치다
* high	• 높은	* future	• 미래
* son	• 아들		• 앞으로 일어날 일, 미래

- 여러 국가에서는 일요일을 **holiday** 로 규정하고 있다.(=a day of rest when people do not go to work, school, etc)
- 일을 하지 않는 **holiday** 에는 밖에 나가는 것보다 집에서 쉬고 싶어하는 직장인들도 있다.

clock [klɑk / klɔk]　　　　　　　　　　　　　　　　　명

- 벽에 걸린 **clock** 은 5분 빠르다.(=a device which measures and shows time)

sound [saund] → 동 sound　　　　　　　　　　　　명 형

- 무언가 깨지는 **sound** 가 나기에, 밖을 내다보았더니 커다란 거울이 깨져 있었다.(=a kind of vibration that travels through a substance, such as air, and can be heard)
- **sound** 한 몸을 만들기 위해서는 음식을 골고루 풍부하게 먹고 적당한 운동을 해야 한다.(=in good condition; strong)

hope [houp] → 명 hope　　　　　　　　　　　　　　동

- 계속되는 가뭄 속에서 사람들은 비가 오기를 **hope** 하고 있다.(=want something to happen or be true)
- 나는 네가 파티에 참석하기를 **hope** 한다.

wet [wet]　　　　　　　　　　　　　　　　　　　　형

　　반 dry

- 갑작스런 소나기를 만나서 머리와 옷이 **wet** 해버렸다.(=covered or soaked with water or some other liquid)
- 조금 전에 비가 와서 잔디가 **wet** 하다. 잔디에 앉지 마라.

hot [hɑt / hɔt]　　　　　　　　　　　　　　　　　　형

　　반 cold, cool

- 물이 **hot** 하니까 조심해야 한다. 그렇지 않으면 물에 데일지도

훔쳐보기

* holiday	• 휴일, 공휴일	* hope	• 바라다, 희망하다
* clock	• 괘종시계	* wet	• 젖은, 축축한
* sound	• 소리	* hot	• 더운, 뜨거운
	• 튼튼한, 건전한		

모른다.(=having a high temperature; not cold)
- 이곳은 너무 ***hot*** 하다. 다른 시원한 곳으로 가야겠다.

pretty [príti]　　　　　　　　　　　　　　　　　　　　　　　　형

　　⊕ ugly
- 동생이 이 드레스를 입었더니 정말 ***pretty*** 해 보였다.(=pleasing or attractive, or appealing to the eye or ear)

house [haus]　　　　　　　　　　　　　　　　　　　　　　　　명
- 우리 가족들이 살게 될 새로운 ***house*** 로 짐을 옮겨야 한다.(=a building that you live in)

ice [ais]　　　　　　　　　　　　　　　　　　　　　　　　　　명
- 냉장고에서 꺼낸 ***ice*** 를 햇볕이 드는 곳에 놓아두었더니 금방 녹아버렸다.(=frozen water)
- 호수 위에 ***ice*** 가 생기긴 했지만, ***ice*** 의 두께가 얇기 때문에 그 위에서 노는 것은 위험하다.
- 그녀의 손이 ***ice*** 처럼 차갑다.

song [sɔ(ː)ŋ, sɑŋ] → 통 sing　　　　　　　　　　　　　　　명
- 비틀즈의 'Yesterday'는 내가 가장 좋아하는 ***song*** 이다.(=words and music for singing)

idea [aidíːə]　　　　　　　　　　　　　　　　　　　　　　　　명
- 내일 영화를 보러가자는 것은 그녀의 ***idea*** 다.(=a plan or suggestion)
- 그 문제를 해결할 좋은 ***idea*** 가 떠올랐다.

ill [il] → 명 illness　　　　　　　　　　　　　　　　　　　　형
　　⊕ sick　⊕ healthy
- 그녀는 어젯밤부터 갑자기 ***ill*** 해서 오늘 학교에 결석했다.(=not

훔쳐보기

* pretty	• 예쁜, 멋진	* song	• 노래
* house	• 집	* idea	• 생각, 착상
* ice	• 얼음	* ill	• 아픈, 건강이 나쁜

in good health; sick)

join [dʒɔin] 　　　　　　　　　　　　　　　　　　　　　　　　　　　동

⟨유⟩ unite, connect　⟨반⟩ divide, separate
- 두 개의 나무조각을 강력 접착제로 **join** 했다.(=unite; meet)
- 술 한 잔 하러 가는데, 저희와 **join** 하지 않으시겠습니까?

clear [kliər] → 동 clear 　　　　　　　　　　　　　　　　　　형 형

⟨반⟩ dark, confused
- 오늘은 하늘이 **clear** 하다. 소풍가기에 좋은 날이다.(=easy to see through)
- 호수의 물이 **clear** 해서 호수 바닥까지 볼 수 있다.
- 선생님은 학생들에게 실험에 대해 **clear** 한 설명을 해주어서, 학생들이 금방 이해했다.(=easy to see, hear or understand)

cloud [klaud] → 형 cloudy 　　　　　　　　　　　　　　　　　　　명

- 하늘에 **cloud** 하나 없을 정도로 날씨가 맑다.(=a mass of tiny drops of water floating in the air)

jump [dʒʌmp] → 명 jump 　　　　　　　　　　　　　　　　　　동 동

- 꼬마들은 침대 위에서 **jump** 하는 것을 좋아한다.(=spring; leap)
- 등교시간에 늦은 몇몇 학생들은 담당선생님에게 걸리지 않으려고 학교 담을 **jump** 해서 교실 안으로 몰래 들어갔다.(=spring over)

sell [sel] 　　　　　　　　　　　　　　　　　　　　　　　　　　　동

⟨반⟩ buy
- 그는 자신이 타고 다니던 자동차를 친구에게 300만원에 **sell** 했다.(=give something in exchange for money)
- 상점에서 미성년자에게 담배를 **sell** 하는 것은 불법이다.

훔 쳐 보 기

* join	• 연결하다, 만나다, 합치다	* jump	• 뛰어오르다
* clear	• 맑은, 투명한		• 뛰어넘다
	• 명확한, 명쾌한	* sell	• 팔다, 판매하다
* cloud	• 구름		

keep [kiːp]   통 통

- 그 물건은 나에게 필요 없으니, 네가 그것을 **keep** 해도 좋다.(=have something and not need to give it back)
- 친구가 도서관에서 책을 빌려올 때까지 나는 친구의 짐을 **keep** 하고 있었다.(=have some time)

like [laik]   통

반 hate, dislike

- 네가 가장 **like** 하는 색깔은 어떤 색이니?(=be fond of; enjoy)
- 그녀는 영화 보는 것을 **like** 해서 주말이면 영화관을 찾는다.

need [niːd] → 명 need   통

- 나의 도움을 **need** 한다면, 나에게 전화를 해라.(=require; want)
- 식물이 잘 자라기 위해서는 적당한 수분과 햇빛이 **need** 하다.

kill [kil]   통

- 호랑이는 날카로운 이빨로 사슴의 목을 물어서 사슴을 **kill** 했다.(=cause to die)

dead [ded] → 통 die 명 death   형

반 alive

- 그들은 교통사고를 당한 응급환자를 재빨리 병원으로 데리고 갔지만, 병원에 도착했을 때 그 환자는 이미 **dead** 한 상태였다.(=no longer living)

bicycle/bike [báisikəl, -sàikəl/baik]   명

- 그는 생일선물로 받은 **bicycle** 을 타고 학교에 다닌다.(=a vehicle to ride on that has two wheels, one behind the other)
- 어떤 사람들은 자가용이나 버스, 지하철보다는 **bicycle** 로 출퇴근을 한다.

훔쳐보기

* keep	• 보유하다		필요하다
	• 보존하다	* kill	• 죽이다. 살해하다
* like	• 좋아하다	* dead	• 죽은
* need	• 필요로 하다,	* bicycle/bike	• 자전거

잠깐 쉬어가기

퍼즐게임

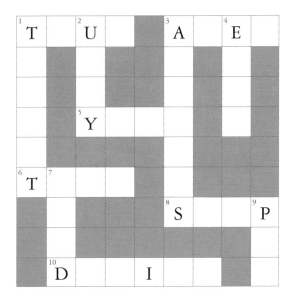

Across(가로 열쇠)

1. 사실인, 진실의(right; correct; real)
3. 지역, 장소(a part of the world, a country, or a surface)
5. 1년, 한 해(the time ti takes the earth to go once round the sun, about 365 days)
6. 두께가 얇은(small in width or depth from one surface to the opposite surface) 마른, 야윈(lean; slender)
8. 비누(a substance for washing and cleaning)
10. 결정하다, 결심하다(choose after thinking carefully; make up one's mind)

Down(세로 열쇠)

1. 표, 입장권(a piece of paper or card that shows you have paid for a journey, or to enter a place of entertainment, etc)
2. 보기 흉한, 추한, 역겨운(unpleasant to see; disgusting)
3. 주소(number, street and place where one lives)
4. 쉬운(simple to do; not difficult)
7. 딱딱한, 단단한(not easy to cut, bend, or crush; firm and stiff) 어려운, 난해한(not easy to do or understand; difficult)
9. 지불하다(give money for something or for services obtained)

가족 관계

Jane's grandparents (조부모님)
grandfather   grandmother
(할아버지)   (할머니)

Jane's uncle   Jane's aunt
(삼촌)   (고모)

Jane's parents (부모님)
father   mother
(아버지)   (어머니)

Jane's in-laws (시부모님)
father-in-law   mother-in-law
(시아버지)   (시어머니)

Jane's cousins
(사촌)

Jane's brother
(남동생/오빠)
Jane's sister-in-law (올케)

Jane's sister (여동생/언니)
Jane's brother-in-law
(제부/형부)

Jane   Jane's husband
(제인)   (남편)

Jane's nephew   Jane's niece
(조카)

Jane's son-in-law (사위)
Jane's daughter (딸)

Jane's son (아들)
Jane's daughter-in-law (며느리)

Jane's grandchildren (외손)
Jane's grandson   Jane's granddaughter
(외손자)   (외손녀)

pair [pɛər]　　　　　　　　　　　　　　　　　　　　　　명

- 상점에서는 신발, 양말, 장갑 등을 한 짝(개)씩 팔지 않고, **pair** 로 판다.(=two things of a kind used together)

note [nout] → 통 note　　　　　　　　　　　　　　　　　명

- 그녀는 수업시간에 선생님이 설명하는 것을 모두 **note** 를 해두기 때문에 공부하기가 편하다.(=a word or words written down to help one's memory)

wide [waid] → 명 width　　　　　　　　　　　　　　　　형

　　반 narrow

- 버스 두 대가 지나갈 수 있는 정도의 길은 대도시의 경우에 좁은 편에 속하지만, 시골에서는 **wide** 한 편이다.(=measuring much from side to side; broad)
- 책상이 너무 **wide** 해서 문을 통과할 수 없다.

know [nou]　　　　　　　　　　　　　　　　　　　　　　통

- 그 친구의 전화번호를 모르겠다. 너는 그 친구의 전화번호를 **know** 하니?(=have knowledge or information in your mind)
- 3에다 2를 더하면 5가 된다는 것은 초등학교 3학년이면 거의 모두가 **know** 하고 있다.

lake [leik]　　　　　　　　　　　　　　　　　　　　　　명

- 강(river)은 물이 흘러가지만, **lake** 는 물이 고여 있다는 점에서 강과 **lake** 는 구별된다.(=a large area of water surrounded by land)

music [mjúːzik]　　　　　　　　　　　　　　　　　　　명

- 나는 팝, 클래식, 재즈 등 모든 종류의 **music** 을 좋아한다.(=an arrangement of sounds in patterns to be sung or played on instruments)

훔쳐보기

* pair	• 한 쌍, 한 벌	* know	• 알고 있다
* note	• 기록, 메모	* lake	• 호수, 저수지
* wide	• 넓은	* music	• 음악

fast [fǽst, fɑːst] → 彤 fast   형

   유 quick, rapid   반 slow

- 내 시계는 10분 정도 **fast** 하기 때문에 웬만해서는 약속시간에 늦지 않는다.(=quick; rapid)

wife [waif]   명

- 나는 친구와 그의 **wife** 를 저녁식사에 초대했다.(=a woman who is married)

look [luk]   동

- 두 그림을 주의 깊게 **look** 해라. 그러면, 두 그림의 차이점을 발견할 수 있을 것이다.(=turn your eyes in a particular direction)

deep [diːp]   형

   반 shallow

- 호수의 가운데 부분은 수심이 매우 **deep** 하기 때문에 빠지지 않도록 조심해야 한다.(=going very far down)

office [ɔ́(ː)fis, ɑ́f-]   명

- 내가 일하고 있는 **office** 는 시내 중심가에 있어서 교통이 편리하다.(=a place in which business or work is done)

low [lou]   형

   반 high

- 울타리의 높이가 **low** 해서 가축들이 울타리를 뛰어넘어 도망갈지도 모르겠다.(=not high; not tall)
- 그 음식은 영양가는 높지만, 칼로리는 **low** 하기 때문에 다이어트용으로 적합하다.

start [stɑːrt]   동

   유 begin   반 close, end, finish

훔쳐보기

* fast	• 빠른	* deep	• 깊은
* wife	• 부인, 아내	* office	• 사무실
* look	• 보다, 살펴보다	* low	• 낮은

- 너희 학교는 언제 수업이 **start** 하니? 우리는 오전 9시부터 **start** 해.(=begin to move, go, do, act, be, etc.)
- 영화가 방금 **start** 했다. 빨리 들어가자.

lunch [lʌntʃ]   명
- 우리 학교에서는 오후 12시 30분부터 1시 20분까지가 **lunch** 시간이다. 1시 20분부터 5교시 수업이 시작된다.(=a meal eaten at midday)

mad [mæd]   형 형
ⓤ crazy
- 그는 완전히 **mad** 한 상태인 것 같다. 빨리 정신병원에 보내야겠다.(=mentally ill; insane)
- 그는 내가 얘기하는 도중에 자꾸 끼어들어서 나를 **mad** 하게 했다.(=very angry)

pull [pul]   통
- 그는 내가 짐 옮기는 것을 도와주었다. 내가 앞에서 **pull** 하고 그가 뒤에서 밀었다.(=use force in order to move something toward or nearer)
- 두 마리의 말이 마차를 **pull** 하고 있다.

king [kiŋ]   명
- 그의 아버지가 죽으면 그는 아버지의 뒤를 이어 그 나라의 4번째 **king** 이 될 것이다.(=a man who rules a country)

map [mæp]   명
- 서울의 지리를 잘 모르는 경우에는 서점에서 서울시 **map** 을 구입해서 봐라. 너에게 도움이 될 것이다.(=a drawing of the earth's surface or part of it)

blackboard [blǽkbɔ̀ːrd]　　　　　　　　　　　　명

- 선생님은 자신의 이름을 *blackboard* 에 분필로 썼다.(=a dark, smooth surface used for writing on with chalk)

cold [kould] → 명 cold　　　　　　　　　　　　형

반 hot

- 밖의 날씨가 *cold* 하다. 코트를 입는 것이 좋겠다.(=having a low temperature)

land [lænd]　　　　　　　　　　　　명 동

- 사람들은 보통 *land* 를 통해서 여행을 하지만, 바다와 하늘을 통해서 여행하기도 한다.(=the part of the earth's surface not covered by water)
- 그들은 항해를 시작한 지 30일만에 어떤 *land* 를 발견했다.
- 날씨가 좋지 않았지만 비행기는 활주로에 무사히 *land* 했다.(=arrive at or on land from the sea or air)

moon [muːn]　　　　　　　　　　　　명

- 지구는 1년을 주기로 태양 주위를 돌고, *moon* 은 29일 12시간을 주기로 지구 주위를 돈다.(=a heavenly body that revolves around the earth in 29 (1/2) days)

wild [waild]　　　　　　　　　　　　형 형 형

반 tame

- 숲이나 정글에서 사는 *wild* 한 동물과 집에서 기르는 동물은 성격에서 차이가 난다.(=living in a natural state)
- *wild* 한 바람이 불어서 가로수들이 쓰러졌다.(=violent)
- 잔인하게 동물을 학대하는 광경을 본 사람들은 *wild* 해져서, 그 사람에게 화를 냈다.(=excited; angry)

훔쳐보기

*blackboard	칠판	*moon	달
*cold	차가운, 추운	*wild	야생의
*land	육지, 땅		맹렬한, 강력한
	착륙하다		흥분된, 격해진

museum [mjuːzíːəm / -zíəm] 명

- 학생들은 역사공부를 하기 위해 역사적 유물이 진열되어 있는 **museum** 을 찾아갔다.(=a building where you can go to look at paintings, sculptures etc.)

fish [fiʃ] 명

- 그는 어제 낚시에서 5마리의 **fish** 를 잡았다.(=an animal that lives in water and has a backbone, fins, and gills for breathing)

nature [néitʃər] 명

- 인간에 의해 만들어지지 않은 천연의 상태, 즉 하늘, 땅, 나무, 돌, 들판, 동물, 식물 등을 가리켜 **nature** 라고 한다.(=the world and everything in, on and around it)

late [leit] 형

반 early

- 늦잠을 자는 바람에 모임의 약속 시간에 30분 **late** 했다.(=after usual or expected time)
- 5시 기차를 타기에는 이미 **late** 하다. 좀 더 일찍 출발했어야 했다.

knife [naif] 명

- 새로 구입한 **knife** 로 야채를 잘라보니 야채들이 쉽게 잘려졌다.(=a sharp flat piece of metal with a handle)

near [niər] 형

- 우리 집은 여기서 **near** 하다. 걸어서 3분이면 갈 수 있다.(=not far; at a close distance)

훔쳐보기

* museum	• 박물관	* late	• 늦은
* fish	• 물고기, 생선	* knife	• 칼
* nature	• 자연	* near	• 가까운

picture [píktʃər] 명

- 그는 유명화의 **picture** 를 침대 위쪽의 벽에다 걸었다.(=a painting, drawing, or photograph of a person or thing)

money [mʌ́ni] 명

- 그녀는 빈털터리여서 어머니로부터 **money** 를 받아서 옷을 샀다.(=coins and bills issued by a government for use in buying or selling)
- 그는 친구의 생일 선물을 사기 위해 은행에서 **money** 를 찾았다.

next [nekst] 형

- 이번 모임에는 사정이 있어서 참석하지 못했는데, **next** 모임에는 반드시 참석할 것이다.(=coming right before or after)
- 집에서 늦게 나오는 바람에 5시 기차를 놓치고 말았다. **next** 기차는 5시 30분에 출발한다.

stay [stei] 동

- 다른 아이들은 집으로 돌아갔지만, 그는 선생님과 상담하기 위해 학교에 **stay** 했다.(=remain in a place)
- 나는 3일 동안 이 호텔에서 **stay**할 예정이다.

nice [nais] 형

- 오늘은 정말 **nice** 한 날이다. 그래서 친구들과 가까운 바닷가에 가기로 했다.(=pleasant; agreeable; good)
- 네가 그 옷을 입으니까 **nice** 해 보인다.

safe [seif] → 명 safety 형
반 dangerous

- 폭풍우가 몰아칠 때는 건물 안으로 들어가는 것이 **safe** 하다.(= out of danger; away from home)
- 이 건물은 지은 지 100년이 지났지만, 검사 결과 **safe** 한 것으로

훔쳐보기

* picture	• 그림	* stay	• 머무르다
* money	• 돈, 자산	* nice	• 훌륭한, 좋은, 즐거운
* next	• 다음의, 이웃의	* safe	• 안전한, 무사한

판정을 받았다.
- 비행기가 비상착륙을 하는 바람에 날개가 부서졌지만, 승객들은 모두 **safe** 했다.

number [nʌ́mbər] 명

- 우리는 '4'를 불길한 **number** 라고 여기고, 서양에서는 '13'을 좋지 않은 **number** 라고 생각하기도 한다.(=a symbol or word used in counting)

ocean [óuʃən] 명

- 그는 해변가에 서서 드넓은 **ocean** 을 바라다보았다.(=sea)

oil [ɔil] 명

- 기계를 오랫동안 사용하지 않았더니 뻑뻑하다. 기계에 **oil** 을 칠해야겠다.(=a fatty liquid that does mix with water and that burns easily)

lay [lei] 통 통

- 소파에서 자고 있는 아이를 안아서 침대에 **lay** 했다.(=put or set down)
- 그는 손을 그녀의 어깨 위에 **lay** 했다.
- 우리는 바닥에 양탄자(카펫)를 **lay** 할 예정이다.
- 암탉은 어제 한 개의 알을 **lay** 했다.(=produce an egg)

open [óupən] 형 통

- 반 shut, close
- 창문이 **open** 되어 있었기 때문에 많은 빗물이 집안으로 들어왔다.(=not shut, closed, fastened, or sealed)
- 그녀는 환기시키려고 창문을 **open** 했다.(=become open or make something open)
- 눈을 **open** 해보니 침대에 누워 있었다.

훔쳐보기

* number	• 숫자, 수	* lay	• 눕히다, 놓다
* ocean	• 바다, 해양		• (알을) 낳다
* oil	• 기름	* open	• 열려진, 열려 있는

bone [boun] **명**
- X-ray를 찍어보니 왼쪽 다리의 **bone** 에 금이 간 것으로 판명되었다.(=the hard material of which the frame, or skeleton, of the body is made)

parents [péərənt] **명**
- 그 아이의 **parents** 가 교통사고로 사망하는 바람에 할머니가 그 아이를 키우고 있다.(=a father or mother)

meet [mi:t] **동**
- 나는 영화관에서 오후 7시에 그녀와 **meet** 하기로 했다.(=see one another; come together)
- 그는 버스정류장에서 초등학교 친구를 우연히 **meet** 했다.

pass [pæs, pɑːs] → **명** pass **동**
- 도로에는 시위를 하는 사람들로 가득 차서 자동차들이 **pass** 할 수 없었다.(=go by or move past something)
- 강도들은 검문소를 무사히 **pass** 했다.

stop [stɑp / stɔp] → **명** stop **동**
⑨ halt, quit ⑩ start, go
- 버스는 승객을 내려주기 위해 정류장에 **stop** 했다.(=come or bring to an end; halt)

diary [dáiəri] **명**
- 그녀는 자신의 남자친구가 자신을 어떻게 생각하는지 알고 싶어서 그의 **diary** 를 몰래 훔쳐보았다.(=a daily written record of a person's thoughts, activities, opinions, and experiences)

훔쳐보기

	• 열다, (눈을)뜨다, 펴다	* pass	• 지나가다, 통과하다
* bone	• 뼈	* stop	• 멈추다, 정지하다
* parents	• 부모	* diary	• 일기
* meet	• 만나다		

pick [pik]   图

- 감독은 우리 팀에 지원한 사람들 중에서 스티브와 잭을 ***pick*** 했다.(=select form a group; choose)

short [ʃɔːrt]   图

　　⊞ long

- 이 끈은 너무 ***short*** 해서 포장된 상품을 묶을 수가 없다. 좀 더 긴 것이 필요하다.(=not long; not tall; low)
- 역에서 호텔까지의 거리는 매우 ***short*** 하다. 100m 정도밖에 안 된다.

police [pəlíːs]   图

- 시민의 신고로 출동한 ***police*** 가 도둑의 뒤를 쫓고 있다.(=the department of a city, state, etc. that keeps order, prevents and discovers crimes, etc.)
- 국민의 생명과 재산을 보호하고 범죄를 수사하며 범죄자를 체포하는 것이 ***police*** 의 의무다.

merry [méri]   图

　　⊞ cheerful, joyful   ⊞ sad

- 우리는 그녀의 생일 파티에서 ***merry*** 한 시간을 보냈다. 밤 12시가 지난 줄도 몰랐다.(=happy and cheerful; joyful; full of fun)

poor [puər]   图

　　⊞ rich, wealthy

- 그 부부는 너무 ***poor*** 해서 아이들을 학교에 보낼 수가 없었다. 그들은 정부로부터 생활보조비를 받고 있다.(=having little or no money or possessions)

mountain [máuntən]   图

- 에베레스트는 세계에서 가장 높은 ***mountain*** 이다.(=an area of

훔쳐보기

* pick	• 선택하다, 고르다	* merry	• 즐거운
* short	• 짧은, 작은	* poor	• 가난한
* police	• 경찰	* mountain	• 산

land that rises to a great height)

prepare [pripέər] 〔통〕

- 내일 있는 면접을 *prepare* 할 시간이 없다. 잘 할 수 있을지 모르겠다.(=make ready)
- 그들은 여행 갈 *prepare* 하느라 바쁘다. 내일 아침 일찍 떠날 예정이다.
- 내일 우리 집에서 파티가 열릴 예정이다. 몇몇 친구들이 그 파티를 *prepare* 하는 데 나를 도와주었다.

cool [ku:l] 〔형〕

〔반〕 warm

- 밖의 날씨가 매우 덥지만, 이 곳은 에어컨이 있기 때문에 *cool* 하다.(=not warm but not very cold; somewhat cold)
- 이 제품은 햇볕이 들지 않는 *cool* 한 곳에 보관해야 한다.

present [prézənt] → 〔통〕 present 〔명〕〔명〕〔형〕

〔반〕 absent

- 나는 다가오는 크리스마스 때 아이들에게 줄 *present* 를 샀다.(= gift)
- 과거, 미래보다도 *present* 가 중요하다.(=a moment or period of time between the past and the future)
- 오늘 모든 회원들이 모임에 *present* 했다. 결석한 사람은 아무도 없었다.(=being here or at a certain place)

rain [rein] 〔명〕

- 하늘에 먹구름이 잔뜩 있는 것을 보니 곧 *rain* 이 올 것 같다.(= water falling from the sky in drops)

bottle [bátl / bɔ́tl] 〔명〕

- 음료수를 먹은 후에 빈 *bottle* 을 상점에 가져다주면, 얼마의 돈

훔쳐보기

* prepare	• 준비하다, 대비하다	• 현재
* cool	• 시원한, 서늘한	• 참석한, 출석한
* present	• 선물	* rain • 비

을 받을 수 있다.(=a container for keeping liquids in)

ready [rédi] 형

- 경기 진행 요원은 100m 달리기 선수들이 모두 **ready** 한 것을 확인하고, 출발 신호탄을 쏘았다.(=prepared for action or use)
- 저녁 식사가 **ready** 하면 너를 부르겠다.

letter [létər] 명

- 외국에 있는 친구에게서 **letter** 가 왔다. 곧 답장을 해줄 예정이다.(=a written or printed message)

rice [rais] 명

- **rice** 는 한국, 중국, 일본의 주식으로 가장 많이 이용되는 곡식이다.(=the grain from a cereal grass that grows in warm regions, especially Asia)

area [ɛ́əriə] 명

- 뉴스에서 내일은 거의 모든 **area** 에 비가 내릴 것이라고 예보했다.(=a part of the world, a country, or a surface)

ride [raid] → 명 ride 동

- 그는 자전거의 뒷좌석에 여자친구를 **ride** 했다.(=sit on or in and be carried along)
- 이 자동차에는 최대 5명이 **ride** 할 수 있다.

name [neim] 명

- 편지봉투의 앞면에는 받는 사람의 주소와 **name** 을 써야 한다.(=word or words by which a person, animal, place or thing is known or called)
- 서울을 관통하여 흐르는 강의 **name** 은 무엇입니까?

훔쳐보기

* bottle	• 병	* area	• 지역, 장소
* ready	• 준비가 된	* ride	• 타고 가다
* letter	• 편지	* name	• 이름
* rice	• 쌀		

right [rait] → 閉 right 閉閉

⑪ correct ⑫ wrong

- 선생님의 질문에 오직 한 학생만이 **right** 한 답을 얘기했다. 다른 학생들은 답을 맞추지 못했다.(=correct; true)
- 남에게 거짓말을 하는 것은 **right** 한 일이 아니다.(=just and good)

die [dai] → 閉 dead 閉 death 閉

⑫ live

- 의학이 발달하지 않았던 시대에는 전염병으로 인하여 수백 명의 사람들이 한꺼번에 **die** 하기도 했다.(=stop living; become dead)
- 그는 어제 심장마비로 **die** 했다.

ring [riŋ] → 閉 ring 閉

- 초인종이 **ring** 했다. 누군가가 우리 집을 찾아온 것 같다.(=give or produce a sound as a bell)
- 우리는 계속해서 초인종을 **ring** 했으나, 응답이 없었다.
- 전화벨이 **ring** 하고 있다. 누가 가서 전화 좀 받아라.

sun [sʌn] → 閉 sunny 閉

- 지구는 1년에 한 번 **sun** 주위를 돈다.(=the star that shines in the sky during the day and that gives the earth heat and light)

middle [mídl] 閉

- 일반 도로의 **middle** 부분에는 노란 색이 칠해져 있고, 고속도로의 **middle** 부분에는 분리대가 있는 경우도 있다.(=a point or part that is the same distance from each side or end; the center)

river [rívər] 閉

- 일부 기업들이 공장 폐수를 몰래 흘려 보내기 때문에 **river** 가 오염되고 있다. 물고기들이 떼죽음 당하는 사례가 늘어나고 있

훔쳐보기

* right	·정확한, 틀림없는		(벨을) 울리다
	·옳은, 올바른	* sun	·태양
* die	·죽다	* middle	·중앙, 가운데
* ring	· (벨이) 울리다,	* river	·강

다.(=a large body of water that flows into another river, lake or ocean)

road [roud] 명

- 시 당국은 교통이 막히지 않도록 도시 외곽에 새로운 **road** 를 건설하고 있다.(=an open way for vehicles, persons, or animals to pass along or through)
- 횡단보도가 없는 곳에서 **road** 를 건너는 것은 위험할 뿐만 아니라 벌금도 내야 한다.

sad [sæd] 형

ⓑ happy

- 오랫동안 같이 지내왔던 친구를 외국으로 떠나보내는 것은 정말 **sad** 한 일이다.(=unhappy; having or showing sorrow or grief)
- 강아지의 죽음은 나를 **sad** 하게 했다.

count [kaunt] → 명 count 동

- 눈을 감고 10까지 **count** 한 후에 눈을 뜨고 우리를 찾아라.(=say or name numbers in order)

same [seim] 형

ⓨ alike, equal ⓑ different

- 나는 거리에서 내가 입은 옷과 **the same** 한 옷을 입은 사람을 보았다.(=exactly alike; identical; not different)
- 그는 나와 **the same** 한 나이여서, 우리 두 사람은 말을 놓고 친구처럼 얘기했다.

lie [lai] 동 명

- 그는 잠시 쉬려고 침대에 **lie** 했는데, 깜박 잠이 들고 말았다.(= take or be in a flat or resting position)
- 그를 믿을 수 없다. 그는 언제나 **tell a lie** 하기 때문이다.(=an

훔쳐보기

* road	• <u>도로</u>	* lie	• 눕다, 놓여 있다
* sad	• 슬픈		• 거짓말
* count	• 세다		tell a lie 거짓말하다
* same	• 같은, 동일한		

untrue statement)

sand [sænd] 명
- 시멘트와 **sand** 를 적당한 비율로 섞은 후에 물을 부어서 콘크리트를 만들었다.(=tiny, loose grains worn away from rock and forming the ground of beaches, deserts, etc.)

rise [raiz] → 명 rise 통
반 fall, drop
- 비가 3일 동안 계속 내려서, 강물이 **rise** 하고 있다. 강 주변에 사는 사람들은 홍수에 대비해야 할 것이다.(=go upwards; ascend; increase)
- 여름이 가까워 올수록 온도가 **rise** 한다.

sea [siː] 명
- 그들은 고기를 잡기 위해 배를 타고 **sea** 로 나간 지 일주일만에 육지로 돌아왔다.(=the body of salt water that covers most of the earth; ocean)

mind [maind] → 통 mind 명
- 그의 **mind** 는 주말에 그녀와 놀러간다는 생각으로 가득 차 있다.(=what you use to think and imagine things.)
- 그녀는 **mind** 에 멋진 남자의 모습을 그리면서 약속 장소에 나갔다.

shine [ʃain] → 형 shiny 통
- 어둠 속에서 고양이의 눈이 **shine** 하고 있다.(=be bright with reflected light)
- 깨끗이 닦아 놓은 접시가 햇빛에 **shine** 했다.

훔쳐보기

* sand	• 모래	* mind	• 마음, 정신
* rise	• 오르다, 올라가다	* shine	• 빛나다, 반짝거리다
* sea	• 바다		

read [ri:d]
- 그녀는 침대에 누워서 책을 **read** 하다가 잠이 들고 말았다.(= understand the meanings of written or printed words)
- 소설 《삼국지》를 **read** 한 적이 있는가?

ship [ʃip]
- 그는 비행기공포증 때문에 **ship** 으로 제주도에 도착했다.(=a big boat; a large vessel that travels on the ocean)

fill [fil]
- 방안에서 많은 사람들이 담배를 피는 바람에 담배 연기가 방안을 **fill** 했다.(=make or become full; occupy)
- 공연장의 문을 열자마자 사람들이 몰려들어서 공연장의 모든 좌석이 순식간에 **filled** 되었다.

shoot [ʃu:t]
- 사냥꾼은 나무에 앉아 있는 새를 향해 활을 **shoot** 했다.(=send out with force from a gun, bow, etc.; fire)

bow [bou, bau] → 명 bow
- 연극이 끝나고 관객들이 박수를 치자, 배우들은 무대 앞으로 나와 관객들에게 정중히 **bow** 했다.(=bend the body, head, or knee greeting or to show respect)

shop [ʃɑp / ʃɔp] → 통 shop
- 이곳은 가구를 파는 **shop** 이 몰려 있는 곳이다.(=a store; a place for selling goods)

mirror [mírər]
- 친구가 내 얼굴에 뭐가 묻은 것 같다고 하기에, **mirror** 를 보았

* read	• 읽다	* bow	• 인사하다
* ship	• 배, 선박	* shop	• 상점, 가게
* fill	• 가득 차다, 채우다	* mirror	• 거울
* shoot	• 쏘다, 발사하다		

더니 눈 아래에 하얀 색 페인트 같은 것이 묻어 있었다.(=a piece of glass coated on the back with a reflecting substance, used for looking at oneself)

show [ʃou] → 명 show   통
- 그는 일주일 전에 UFO를 찍은 사진을 친구들에게 **show** 했다.(= cause or allow to be seen)
- 건물에 들어가려는 사람은 건물 입구에서 신분증을 **show** 해야 한다.

sit [sit]   통
- 그녀는 소파에 **sit** 해서 과자를 먹으며 TV를 보고 있었다.(=rest on the lower part of the body; be seated)

size [saiz]   명
- 사람 손톱 만한 **size** 의 책도 있다.(=the physical dimensions, proportions, or extent of something)
- 내 방의 **size** 는 동생 방의 **size** 의 두 배다.
- 농구 선수의 운동화 **size** 가 내 구두 **size** 의 두배다.

friend [frend] → 명 friendship   명
- 그 두 사람은 연인 사이가 아니라 단지 **friend** 사이일 뿐이다.(=a person one knows, likes, and enjoys being with)
- 어려울 때 도와주는 **friend** 가 진정한 **friend** 다.

sleep [sliːp] → 통 sleep   명
- 요즘 나는 밤에도 일하느라, **sleep** 이 부족하여 피곤하고 졸린 상태다.(=a natural condition of rest that occurs regularly)

dish [diʃ]   명
- 그녀는 식사 후에 음식을 담았던 **dish** 들을 깨끗이 닦았다.(=a

훔쳐보기

* show	• 보이다, 보여 주다	* friend	• 친구
* sit	• 앉다	* sleep	• 수면, 잠
* size	• 크기, 사이즈	* dish	• 접시

flat or shallow container for holding or serving food)

small [smɔːl] 휑
    삔 large, big
- 그의 사무실은 가로 4m, 세로 3m 밖에 안되는 **small** 한 사무실이다.(=little in size, amount, or extent)
- 개미는 코끼리와 비교하면 매우 **small** 한 동물이다.

ground [graund] 몡
- 그는 사다리를 타고 위쪽으로 올라가다가 발을 헛디뎌서 **ground** 로 떨어지고 말았다.(=the surface of the earth)

speed [spiːd] 몡
- 비가 오거나 안개가 있을 경우에는 보통 때보다 자동차의 **speed** 를 줄이는 것이 좋다.(=the condition of moving or acting rapidly; quickness)
- 그는 고속도로에서 시속 100km의 **speed** 로 운전했다.

cry [krai] → 몡 cry 동 동
    삔 laugh
- 어머니가 아기 곁을 떠나자 아기는 **cry** 하기 시작했다.(=shed tears; weep)
- 승강기(엘리베이터)에 갇힌 그녀는 도와 달라고 **cry out** 했다.(= call out; shout)

bridge [bridʒ] 몡
- 정부는 그 섬과 육지를 연결하는 **bridge** 를 건설했다.(= something built over things like rivers, railways or roads, so that people or vehicles can get across)

훔쳐보기

* small	•작은	* cry	•울다
* ground	•땅, 지면		•소리치다, 외치다
* speed	•속도, 속력	* bridge	•다리

store [stɔːr]　　　　　　　　　　　　　　　명
• 물건들을 파는 곳을 **store** 라고 한다.(=a large shop)

talk [tɔːk]　　　　　　　　　　　　　　　동
• 그녀는 여행에 대하여 전화로 20분 동안 친구와 **talk** 했다.(= speak; say words; have a conversation)
• 학교 생활에 문제가 있다면 부모님이나 선생님에게 그 문제에 대해 **talk** 하는 것이 좋다.

drive [draiv] → 명 drive　　　　　　　　동
• 그는 운전면허는 있지만, 실제로 **drive** 해본 경험은 없다.(= control or operate a car, bus, truck, etc.)

study [stʌ́di] → 명 study　　　　　　　　동
• 그녀는 다음 주에 있는 시험에 대비하여 열심히 **study** 하고 있다.(=try to learn)

fire [faiər]　　　　　　　　　　　　　　명
• 건조한 날에는 숲에 **fire** 가 발생하기 쉽다. 특히 담배꽁초를 조심해야 한다.(=burning with flames)

tall [tɔːl]　　　　　　　　　　　　　　　형
반 short, low
• 그는 농구선수를 해도 될 정도로 **tall** 하다.(=having greater than ordinary height)

animal [ǽnəməl]　　　　　　　　　　　　명
• 학자들은 **animal** 을 포유류, 파충류, 조류, 곤충 등으로 분류한다.(=a living being that is not a plant)
• 곤충, 물고기, 새, 사람 등을 통털어 **animal** 이라고 한다. **animal**

훔쳐보기

* store	• 상점, 가게	* fire	• 화재, 불
* talk	• 이야기하다, 말하다	* tall	• 키가 큰, 높은
* drive	• 운전하다	* animal	• 동물
* study	• 공부하다, 배우다		

은 식물의 반대 개념이기도 하다.

tea [ti:] 명
- 그녀는 커피보다 **tea** 를 좋아한다.(=a drink prepared by soaking or brewing the dried leaves of an Asian shrub in boiling water)

bring [briŋ] 동
- 저에게 물 한 잔 **bring** 해주겠습니까?(=take with oneself)
- 저쪽에 있는 의자를 나에게 **bring** 해주겠니?

drink [driŋk] → 명 drink 동
- 식기 전에 커피를 **drink** 해라.(=take liquid into your mouth and swallow)

room [ru:m, rum] 명 명
- 나는 호텔에 2인용 **room** 하나를 예약했다.(=an area of a building enclosed by walls and a ceiling)
- 가방 안은 꽉 차서 다른 물건이 들어갈 **room** 이 없다.(=space)
- 이 커다란 가구는 방안에서 많은 **room** 을 차지한다.

think [θiŋk] 동
- "너는 그의 제안을 받아들였니?" "아직 대답을 하지 않았어. 좀 더 **think** 할 시간이 필요해."(=use one's mind to form ideas and make decisions)

word [wə:rd] 명
- 영어로 된 그 문장에서 네가 모르는 **word** 는 모두 몇 개인가?(=a unit of one or more sounds that has meaning)
- 모르는 **word** 가 많으면 문단 전체의 뜻을 파악하기가 어렵다

훔쳐보기

* tea	• 차		• 자리, 공간
* bring	• 가져오다, 데리고 오다	* think	• 생각하다
* drink	• 마시다	* word	• 단어, 낱말
* room	• 방		

tooth [tu:θ] → *pl.* teeth   명
- *teeth*가 썩지 않으려면, 단 것을 너무 많이 먹지 말고 식후에는 꼭 *teeth* 를 닦는 것이 좋다.(=one of the hard white parts in one's mouth that is used for biting)

bake [beik]   동
- 그는 빵을 오븐에다 *bake* 했다.(=cook in an oven)

top [tɑp / tɔp]   명
   반 bottom
- 산의 *top* 에 올라가니 도시 전체가 시야에 들어왔다.(=the highest part of something)

farm [fɑːrm]   명
- 그는 방학 때면 시골에 있는 삼촌의 *farm* 에서 가축을 돌보고 작물을 재배하는 아르바이트를 한다.(=land used for raising crops or animals)

touch [tʌtʃ]   동
- 그 접시는 매우 뜨겁다. 접시를 *touch* 하면 손을 델 수도 있다.(=feel with a part of the body, especially with the hand)

light [lait] → 동 light   명 형
   반 heavy
- 이렇게 희미한 *light* 에서는 책을 볼 수가 없다.(=a natural or artificial bright form of energy that enables one to see)
- 이 물건은 매우 *light* 해서 어린이도 들 수 있다.(=having little weight; not heavy)
- 무거운 짐들은 어른이 들고, *light* 한 짐들은 아이들이 들었다.

훔쳐보기

* tooth	• 치아	* touch	• 만지다
* bake	• 굽다	* light	• 빛, 불빛, 전등
* top	• 정상, 꼭대기		• 가벼운
* farm	• 농장		

student [stjúːdənt] 명

- 학교에서 선생님은 *student* 에게 공부를 가르친다.(=a person who studies)

listen [lísən] 동

- 선생님이 말씀하시는 것을 주의 깊게 *listen* 해야 한다.(=try to hear something)
- 우리는 라디오에서 나오는 음악을 주의깊게 *listen* 했다.

build [bild] → 명 building 동

- 유 construct
- 십여 명의 아저씨들이 벽돌과 대리석으로 새 집을 *build* 하고 있다.(=join materials together to make something; establish)

exit [égzit, éksit] 명

- 그 영화관은 모두 5개의 *exit* 이 있기 때문에 관객들이 쉽게 밖으로 나올 수 있다.(=a way out)

true [truː] → 명 truth 형

- 유 real, genuine 반 false
- 신문에 실린 그의 이야기가 정말 *true* 합니까?(=right; correct; real)
- 지구가 둥글다는 것은 *true* 한 것이다.

push [puʃ] 동

- 친구들이 뒤에서 나를 *push* 하는 바람에 수영장 안에 빠지고 말았다.(=use force against something for the purpose of moving it)
- 그는 내가 짐 옮기는 것을 도와주었다. 내가 앞에서 끌고 그가 뒤에서 *push* 했다.

훔쳐보기

* student	• 학생	* exit	• 출구
* listen	• 듣다, 경청하다	* true	• 사실인, 진실의
* build	• 짓다, 건설하다	* push	• 밀다

try [trai]   통 통

- "그가 당신의 자동차를 수리할 수 있다고 했습니까?" "예, 그가 한 번 **try** 해보고 안되면, 정비소에 맡긴다고 했습니다."(= attempt; seek to do)
- 에어로빅을 **try** 해보았으나, 나에겐 맞지 않는 것 같았다.(=test)

use [juːs] → 명 use 형 useful   통 통

- 이 학교 학생과 교직원에 한해서만 도서관을 **use** 할 수 있다.(= bring or put into service for a purpose)
- 계산이 너무 복잡해서 전자계산기를 **use** 해야 답을 빨리 구할 수 있다.
- 대형차는 소형차에 비해 기름(연료)을 많이 **use** 한다.(=spend; exhaust)

walk [wɔːk] → 명 walk   통

- 지금은 아기가 엉금엉금 기어다니지만, 조금 지나면 **walk** 할 것 이다.(=move along step by step on foot)
- 그는 버스를 탈 돈이 없어서 집까지 **walk** 해야만 했다.

life [laif] → 통 live   명 명

- 동물, 식물, 인간 등은 **life** 이 있지만, 돌 금속 플라스틱 등은 **life** 이 없다.(=the fact of being alive or staying alive)
- 탐사선을 통하여 조사한 결과 달에서는 어떤 **life** 의 흔적도 발견 할 수 없었다.(=living things)
- 화성에는 과연 **life** 이 존재하는가?

pencil [pénsəl]   명

- **pencil** 로 쓴 것은 지우개로 지울 수 있지만, 볼펜으로 쓴 것은 지우기가 쉽지 않다.(=a thin stick of black or colored material used for writing or drawing)

훔쳐보기

* try	• 시도하다, 해보다	* walk	• 걷다, 걸어가다
	• 시험삼아 해보다	* life	• 생명, 목숨
* use	• 이용하다, 사용하다		• 생물, 생물체
	• 소모하다, 써버리다	* pencil	• 연필

wall [wɔ:l]　명
- 그는 건물의 **wall** 에다 포스터를 붙였다.(=the side of a room or building)
- **wall** 이 너무 얇아서 옆방에서 얘기하는 것이 들린다.

family [fǽməli]　명
- 우리 **family** 는 아버지, 어머니, 언니, 동생 그리고 나까지 모두 5 명이다.(=the group consisting of children and their parents)

want [wɔ(:)nt, wɑnt]　동
- 너는 생일선물로 무엇을 **want** 하는지 얘기해 보아라.(=desire; wish for)
- 그녀는 내가 그녀의 파티에 와주기를 **want** 하는 것 같다.

busy [bízi]　형
- 반 idle, lazy
- 그녀는 고객들과 상담하느라 매우 **busy** 해서 점심 식사할 시간 도 없었다.(=doing something; at work; not free)

warm [wɔ:rm] → 통 warm　형
- 반 cool, cold
- 날씨가 추워서 우리들은 **warm** 한 난로 주위에 모여 있었다.(= having a temperature that is fairly high, between cool and hot)

age [eidʒ] → 통 age　명
- 그녀는 실제 **age** 에 비해 성숙하게 보인다.(=the number of years you have lived)
- 나는 그녀의 **age** 를 약 22세로 추측했다. 그러나 나의 추측은 빗 나가고 말았다.
- 너의 **age** 는 몇이니? 나는 15살이야.

훔쳐보기

* wall	• 벽, 담	* busy	• 바쁜
* family	• 가족, 가정	* warm	• 따뜻한
* want	• 원하다, 바라다	* age	• 나이, 연령

peace [piːs] → 휑 peaceful   멩

    빤 war

- 당신들이 무력으로 우리 나라의 영토를 침략한 것은 30년 동안 지속되어 왔던 이 지역의 **peace** 를 깨는 야만적인 행위다.(=the absence of war or fighting)

wind [wind/waind]   멩 됭

- **wind** 가 심하게 불어서 밖에 걸어놓은 빨래가 날아가 버렸다.(=movement of air)
- 다친 팔 주위에 붕대를 **wind** 했다.(=wrap or be wrapped around something)
- 실을 **wind** 해서 공처럼 만들었다.

enough [inʌ́f]   휑

- 모든 사람이 앉을 수 있는 **enough** 한 의자가 있다.(=as much or as many as you need)
- 이곳에 온 모든 사람들이 먹을 수 있을 정도의 **enough** 한 음식이 있다.

window [wíndou]   멩

- **window** 를 닫아야겠다. 비가 안으로 들이친다.(=an opening in a wall that lets in light and air)
- **window** 를 열어서 환기를 시켰다.

rich [ritʃ]   휑

    윾 wealthy   빤 poor

- 그의 사업이 성공함에 따라 그는 **rich** 한 사람이 되었다.(=having much money or goods; having plenty of)
- 오렌지는 비타민 C가 **rich** 하기 때문에, 오렌지를 먹으면 부족한 비타민 C를 보충할 수 있다.

훔쳐보기

* peace	• 평화	* enough	• 충분한
* wind	• 바람	* window	• 창, 창문
	• 감다, 둘러싸다	* rich	• 부유한, 부자인, 풍부한

airport [ɛ́ərpɔ̀ːrt]   명

- 비행기를 타려면 **airport** 로 가야 한다.(=a place where airplanes take off and land)
- **airport** 에서는 비행기가 이착륙하는 모습을 볼 수 있다.

wood [wud] → 명 woods   명

- **wood** 로 만들어진 집은 불에 약하기 때문에 화재에 조심해야 한다.(=trees cut and prepared for use)

buy [bai]   동

반 sell

- 나는 2만 달러를 주고 새 자동차를 **buy** 했다.(=pay money so that you can have something)
- 그녀는 수퍼마켓에서 음료수와 과자를 **buy** 했다.

work [wəːrk]   동 동 명

- 그는 일요일인데도 사무실에서 **work** 하고 있다.(=do something which needs physical or mental effort)
- 그녀는 하루 종일 정원에서 **work** 했다.
- A/S 센터 직원이 세탁기를 고쳐주어서 이제는 세탁기가 **work** 된다.(=operate properly)
- 나 혼자서 많은 짐을 운반하는 것은 정말 힘든 **work** 이다.(= something that requires physical or mental effort)

easy [íːzi] → 명 ease 동 ease   형

유 simple 반 difficult

- 그 문제는 **easy** 하기 때문에, 누구나 풀 수 있을 것이다.(=simple to do; not difficult)

훔쳐보기

* airport	• 공항		• 작동하다
* wood	• 재료로 쓰이는 나무		• 작업, 일
* buy	• 사다, 구입하다	* easy	• 쉬운
* work	• 일하다, 작업하다		

write [rait]　　　　　　　　　　　　　　　　　　　　　　　통

- 편지의 겉봉에는 받는 사람의 주소와 이름을 **write** 해야 한다.(=
  form letters or words on a surface with a pen or pencil)

act [ækt] → 명 act, action　형 active　　　　　　　　　　통 통

- 사람들이 화재에 대해 재빠르게 **act** 했기 때문에 화재가 옆건물
  로 번지는 것을 막을 수 있었다.(=do something; take action)
- 의사가 신속하게 **act** 했기 때문에 소녀의 생명을 구할 수 있었다.
- 연극에서 왕의 역할을 **act** 한 경험이 있느냐?(=perform a part in a
  play or film; play)

year [jiər / jə:r]　　　　　　　　　　　　　　　　　　　　명

- 30일(또는 31일)을 '월'(또는 한 달)이라고 하고, 12달(365일)을
  year 라고 한다.(=the time it takes the earth to go once round the sun,
  about 365 days)

people [pí:pl]　　　　　　　　　　　　　　　　　　　　　명

- 현재시간 1월 1일이 되기 10분 전이다. 제야의 종소리를 듣기 위
  해 거리에 많은 **people** 이 나와 있다.(=human beings)

air [ɛər]　　　　　　　　　　　　　　　　　　　　　　　　명

- **air** 의 99%는 질소와 산소로 구성되어 있다.(=a gas that people
  breathe)
- 신선하고 깨끗한 **air** 를 마시려면 도시를 떠나 시골로 가야한다.
- 자동차와 공장에서 배출되는 매연이 **air** 를 오염시킨다.

hour [áuər]　　　　　　　　　　　　　　　　　　　　　　명

- 60초를 1분이라 하고 60분을 **hour** 라고 한다.(=a period of 60
  minutes)

―――――――― 훔 쳐 보 기 ――――――――

* write	• 쓰다, 적다	* people	• 사람들
* act	• 행동하다, 처신하다	* air	• 공기, 대기
	• 연기하다	* hour	• 한 시간
* year	• 1년, 한 해		

price [prais]   **명**

- 이 옷의 **price** 는 100달러다.(=the amount of money asked or paid for something)

weak [wi:k] → **동** weaken   **형**

반 strong

- 그녀는 오랫동안 아팠기 때문에 많이 **weak** 해졌다.(=not strong bodily or morally; lacking skill or mental power)
- 그는 거의 모든 과목에서 잘하지만, 영어과목에는 **weak** 한 편이다.

army [á:rmi]   **명**

- 군대는 크게 **the army**, 해군, 공군으로 나눈다.(=a large body of men and women organized and trained for land warfare)

deaf [def] → **명** deafness   **형**

- 그는 말을 할 수 있지만 **deaf** 하기 때문에 수화(sign language)를 통하여 의사소통을 하고 있다.(=unable to hear; unable to hear well)
- 그녀는 한 쪽 귀가 **deaf** 해서 보청기를 사야만 했다.

dumb [dʌm]   **형**

- 헬렌 켈러는 태어난 지 2년도 안돼서 보지 못하고, 듣지도 못했으며, 또한 **dumb** 했다.(=unable to speak)

훔쳐보기

* price	• 값, 가격	* deaf	• 들을 수 없는,
* weak	• 약한, 허약한		잘 들리지 않는
* army	• 육군	* dumb	• 벙어리의

2단계

핵심 단어

영어 시험에 자주 나오고, 시험 문제풀이에 핵심적인 역할을 하는 단어 303개

absent [ǽbsənt] → 몡 absence　　　　　　　　　　　　　　　형

　　반 present

　　• 내 친구는 아파서 오늘 학교에 **absent** 했다.(=not present; away)

satisfy [sǽtisfài] → 몡 satisfaction　형 satisfactory　　　　　　동

　　반 dissatisfy

　　• 그는 언제나 불평만 한다. 어떤 것도 그를 **satisfy** 할 수 없다.(=
　　　meets the needs or wishcs of; please)

　　• 그의 미소 띤 얼굴을 보니 그가 하고 있는 일에 **satisfied** 한 것
　　　같다.

　　• 그녀는 지난 시험보다 점수가 많이 올라가서 이번 시험결과에
　　　satisfied 했다.

break [breik]　　　　　　　　　　　　　　　　　　　동 동 동

　　반 obey

　　• 그 말썽꾸러기는 남의 집에 돌을 던져서 유리창을 **break** 했
　　　다.(=separate into two or more pieces as the result of force or strain;
　　　crack)

　　• 그녀는 계단에서 굴러 떨어져서 다리가 **break** 했다.(=crack a
　　　bone of; fracture)

　　• 법을 **break** 하는 사람은 누구나 벌을 받는다.(=fail to follow or
　　　obey)

condition [kəndíʃən]　　　　　　　　　　　　　　　　　몡

　　유 state

　　• 그는 중고차 시장에 가서 가장 **condition** 이 양호한 차를 구입했
　　　다.(=state of a person or thing)

　　• 오늘 환자의 **condition** 은 어떻습니까?

　　• 새로 포장된 도로는 훌륭한 **condition** 이어서 쾌적한 운전을 할
　　　수 있었다.

──────── 훔쳐보기 ────────

* absent	• 결석한, 참석하지 않은		• 부러지다
* satisfy	• 만족시키다		• 어기다
* break	• 깨다, 깨지다	* condition	• 상태, 형편

mix [miks] → 명 mix   동

    반 separate, divide

- 파란 색의 물감과 노란 색의 물감을 **mix** 하면 초록색이 된다.(= blend together; stir)
- 시멘트, 모래, 자갈, 물이 **mix** 되어 콘크리트가 만들어진다.

alike [əláik]   형

- 네가 살고 있는 동네의 집들이 **alike** 해서 어떤 것이 너의 집인지 구별하기가 어렵다.(=similar; the same)
- 두 형제는 쌍둥이는 아니지만, 정말 **alike** 하다.

bore [bɔ:r]   동 동

    유 weary, tire   반 interest, excite

- 산을 **bore** 해서 터널을 만들었다.(=make a hole by drilling or digging)
- 영화가 너무 **bore** 해서 보다가 잠이 들었다.(=make tired by being dull or uninterested)
- 그의 재미없고 반복되는 이야기에 우리들은 **bored** 해졌다.

lose [lu:z] → 명 loss   동 동

    반 win

- 만약 신용카드를 **lose** 할 경우에는 카드회사의 상담실로 즉시 연락해야 한다.(=miss from one's possession; become unable to find)
- 98년 프랑스 월드컵에서 한국은 멕시코에게 3-1로 **lose** 해서 예선 탈락했다.(=be defeated; fail to win)

job [dʒɑb / dʒɔb]   명 명

- 많은 사람들이 실업상태에 있지만, 형은 운 좋게도 **job** 을 가지고 있다.(=a place or kind of work; employment)
- 내가 일요일에 해야 할 **job** 은 집안을 청소하는 것이다.(=a

훔쳐보기

* mix	• 섞다, 혼합하다	* lose	• 잃어버리다
* alike	• 비슷한, 유사한, 동등한		• 게임에서 지다
* bore	• 구멍을 뚫다	* job	• 직장, 일자리
	• 지루하게 하다		• 일, 임무

specific task; a duty)

• 너의 오늘 **job** 은 접시를 닦는 것이다.

bend [bend]　　　　　　　　　　　　　　　　　　　　　　동

（반）extend, stretch

• 그는 아령을 들고 팔을 **bend** 했다가 다시 앞으로 뻗었다.(=force something that was straight into an angle or a curve)

active [ǽktiv]　→ 동 act　명 activity　　　　　　　　　　　형

（유）energetic　（반）lazy

• 할아버지는 80세가 넘었지만, 아직도 **active** 하다.(=lively; doing things)

• 그는 정기 모임에 한 번도 빠진 적이 없을 정도로 클럽(동아리) 활동에 **active** 하다.

cheap [tʃiːp]　　　　　　　　　　　　　　　　　　　　　　형

（반）expensive

• 그 할인점은 다른 상점보다 **cheap** 하기 때문에 사람들이 많이 찾는다.(=low in price; inexpensive)

• 그 곳까지 가는 교통수단은 여러 가지가 있는데, 비용 면에서 가장 **cheap** 한 것은 버스로 가는 것이다.

blood [blʌd]　→ 동 bleed　　　　　　　　　　　　　　　　명

• 그는 교통사고로 너무 많은 **blood** 를 흘렸기 때문에 수혈을 해야만 했다.(=red liquid which flows through the body)

dangerous [déindʒərəs]　→ 명 danger　　　　　　　　　　형

（반）safe

• 자동차 경주는 **dangerous** 한 스포츠다. 다른 스포츠 종목과 비교할 때 선수가 부상당할 확률이 높다.(=likely to cause death or serious harm)

훔쳐보기

* bend	• 구부리다, 굽(히)다	* blood	• 피
* active	• 활동적인, 정력적인	* dangerous	• 위험한
* cheap	• 값이 싼		

- 이 지역에서 여성이 밤에 혼자서 다니는 것은 ***dangerous*** 하다.

hide [haid] 동 동

ⓨ conceal 반 show, display, reveal

- 술래잡기 놀이 때, 나는 나무 뒤에 ***hide*** 했다.(=put or keep out of sight; conceal)
- 그는 매우 괴로워했지만, 사람들 앞에서는 자신의 감정을 ***hide*** 했다.(=keep secret)

allow [əláu] → 명 allowance 동

반 forbid, prohibit

- 이곳에서는 흡연이 ***allow*** 되지 않는다. 만약 이곳에서 담배를 피우면 벌금을 내야 한다.(=permit; let do or happen)
- 기숙사에서는 토요일에만 외출하는 것이 ***allow*** 된다. 그래도 12시까지는 기숙사에 들어가야 한다.

borrow [bárou, bɔ́r(:)-] 동

반 lend

- 그는 도서관에서 책 3권을 일주일간 ***borrow*** 했다. 일주일이 지나서 갖다주면 연체료를 내야 한다.(=get to use something for a while by promising to return it)
- 그는 집을 사는 데 모자라는 돈을 친구로부터 ***borrow*** 했다.

expect [ikspékt] → 명 expectation 동

- 그는 회사의 수입이 작년보다 줄어들 것으로 ***expect*** 하고 있다.(=think that something will be happen; look forward to; anticipate)
- 다행스럽게도 수술의 결과는 우리가 ***expect*** 했던 것보다 훨씬 좋았다.

cover [kávər] → 명 cover 동 동

반 expose, reveal

훔쳐보기

* hide	• 숨다	* borrow	• 빌리다
	• 숨기다, 드러내지 않다	* expect	• 예상하다, 기대하다
* allow	• 허락하다, 허용하다	* cover	• 덮다, 싸다

- 음식에 먼지가 들어가지 않도록 음식 위를 비닐로 **cover** 했다.(=put something over or on)
- 그녀는 부끄러워서 얼굴을 두 손으로 **cover** 하고 이층으로 올라갔다.
- 한 달만에 집으로 돌아와 보니 먼지가 책상 위를 **cover** 했다.(=form a surface layer over)

bear [bɛər]　　　　　　　　　　　　　　　　　　　　　　　　　　　　　　　　　圖 圖

- 나는 고통을 더 이상 **bear** 할 수 없어서 소리를 질렀다.(=endure; put up with)
- 그는 옆에서 들려오는 시끄러운 소리를 더 이상 **bear** 할 수 없어서 다른 곳으로 장소를 옮겼다.
- 그녀는 이제까지 두 명의 아이를 **has borne** 했다.(=give birth to)

gather [gǽðər]　　　　　　　　　　　　　　　　　　　　　　　　　　　　　　　　　圖

　㊎ assemble, collect　㋬ disperse, scatter

- '꽝' 하는 소리가 났을 때 사람들이 무슨 일이 일어났는가 보려고 그곳에 **gather** 했다.(=bring or come together)
- 날씨가 갑자기 추워지자 사람들이 화롯불 주변으로 **gather** 했다.

harm [hɑːrm] → 圏 harmful, harmless　　　　　　　　　　　　　　　　　　圖 圖

- 메뚜기는 농작물에 커다란 **harm** 을 줄 수 있다.(=damage; hurt)
- 술 한잔 정도는 너에게 **harm** 이 되지 않을 것이다.
- 그녀는 너무나 착해서, 개미 한 마리도 **harm** 하지 못한다.(=hurt; damage)
- 표백제는 너의 피부를 **harm** 할 수 있다.

equal [íːkwəl] → 圏 equality　　　　　　　　　　　　　　　　　　　　　　圏 圏 圖

　㊎ same　㋬ different

- 그 두 사람은 키는 다르지만, 몸무게는 **equal** 하다.(=the same in

훔쳐보기			
	• -위에 놓이다, 덮다	* harm	• 해, 손해, 손상
* bear	• 참다, 견디다		• 해치다, 손상하다
	• 낳다, 출산하다	* equal	• 같은, 동일한
* gather	• 모이다, 모으다		• 평등한, 동등한, 필적하는

amount, size, etc)
- 민주주의에서는 모든 국민은 법 앞에 *equal* 하다.(=having the same rights, ability, etc)
- 'A=B' 라는 것은 A와 B가 *equal* 하다는 것을 의미한다.(=be the same as)

border [bɔ́ːrdər]　　　　　　　　　　　　　　　　　　　명
- 예전에 *border* 근처에 사는 사람들은 국가간의 전쟁으로 많은 피해를 입었다.(=the line between two countries)
- 그 범죄자는 *border* 를 넘어서 다른 나라로 달아났다.

decide [disáid]　→ 명 decision　　　　　　　　　　　　동
　반 hesitate
- 우리들은 교통혼잡을 피하기 위해 오전 6시에 출발하기로 *decide* 했다.(=choose after thinking carefully; make up one's mind)
- 우리들은 휴일에 무엇을 할까 고민하다가 결국 영화를 보러가기로 *decide* 했다.

continue [kəntínjuː]
　→ 형 continuous, continual　명 continuation, continuity　동동
　반 stop
- 전쟁이 7년 동안 *continue* 되는 바람에 두 나라의 경제상황은 매우 나빠졌다.(=keep on being or doing)
- 비가 3일 동안 *continue* 되었다.
- 회의를 잠시 중단하고 점심 식사 후에 회의를 *continue* 하기로 했다.(=go on after an interruption)

bite [bait]　　　　　　　　　　　　　　　　　　　　　동
- 사나운 개가 소포를 전달하러 온 우편 배달부의 다리를 *bite* 했다.(=cut with the teeth; sting)
- 어제 밤에 모기가 내 팔을 *bite* 해서, 그 곳이 매우 가렵다.

훔쳐보기

	• 같다	* continue　• 계속하다, 지속하다
* border	• 국경	• 속행하다, 다시 시작하다
* decide	• 결정하다, 결심하다	* bite　• 물다

angry [ǽŋgri] → 몡 anger ·· 혱

  ㊌ furious ㊭ calm

- 그녀는 남자친구가 약속시간보다 2시간이나 늦게 나와서 매우 **angry** 했다.(=feeling or showing anger)
- 그가 나를 모욕하는 말을 해서 나는 매우 **angry** 했다.

edge [edʒ] ··· 몡 몡

- 칼이 잘 들지 않아서 칼의 **edge** 를 날카롭게 갈았다.(=a sharp, thin side of a blade or cutting tool)
- 딱딱한 종이의 **edge** 에 손을 베였다.(=the line where something ends or begins; border; boundary)

block [blɑk, blɔk] ··· 몡 몡 돔

- 기차역으로 가려면 다음 교차로에서 오른쪽으로 두 **block** 더 가야 한다.(=the distance of one side of this square)
- 나무 **block** 몇 개가 물위에 떠 있다.(=a solid mass of wood, stone, ice, etc)
- 창문 옆에 있는 나무가 햇빛을 **block** 해서, 방이 어두운 편이다.(=stop movement or progress)

invite [inváit] → 몡 invitation ································· 돔

- 파티에 "얼마나 많은 손님들을 **invite** 했니?"(=ask someone to come to an event)
- 나는 생일파티에 여러 친구들을 **invite** 했다.

add [æd] → 몡 addition ······································· 돔 돔

  ㊭ remove, subtract

- 이 책의 내용은 매우 좋다. 여기에 내용의 이해를 돕는 그림을 **add** 하면 더 훌륭한 책이 될 것이다.(=put a new part or piece onto or into something)

훔쳐보기

* angry	• 화가 난, 성난		• 덩어리, 조각
* edge	• 칼, 연장 등의 끝(날)		• 막다, 방해하다
	• 가장자리, 테두리	* invite	• 초대하다, 초청하다
* block	• 구획	* add	• 첨가하다, 보태다

- 초대명단을 보니 친구 몇 명이 빠져 있다. 명단에 그들의 이름을 **add** 해라.
- 3에다 4를 **add** 하면 7이 된다.(=put two or more numbers together)

breeze [briːz] → 통 breeze   명
- 바다에서 불어오는 부드러운 **breeze** 가 그녀의 얼굴을 시원하게 했다.(=a light, gentle wind)

leave [liːv]   통 통 통
- 그 비행기는 10분 후에 방콕을 향해 서울을 **leave** 할 예정이다.(=go away (from))
- 그녀는 커피포트의 커피를 다 마시지 않고 조금 **leave** 해 두었다.(=allow to remain behind or in some place)
- 그들은 여행을 갔다 오는 동안 강아지를 옆집에 **leave** 했다.(= give to another to do; entrust)

choose [tʃuːz] → 명 choice   통
  ㈜ select
- 영화를 보러 가든지 아이들을 돌보든지 둘 중에 하나를 **choose** 해야만 한다.(=select; make a choice)
- 우리는 모임을 이끌어갈 지도자로 그 사람을 **choose** 했다.

afraid [əfréid]   형
- 그는 어려서 개에게 물린 적이 있기 때문에 커다란 개를 보면 몹시 **afraid** 한다.(=feeling fear; frightened)
- 초식동물들은 일반적으로 호랑이나 사자 같은 맹수들을 **afraid** 한다.

chimney [tʃímni]   명
- 화학 공장의 **chimney** 에서 나오는 하얀 연기가 하늘로 올라가고

훔쳐보기

	• 더하다	• 맡기다, 위임하다
* breeze	• 산들바람	* choose • 선택하다
* leave	• 떠나다	* afraid • 두려워하는
	• 남겨두다	* chimney • 굴뚝

있다.(=an outlet for smoke from a stove or furnace, especially an outlet on the roof of a building)

angle [ǽŋgl] [명]
• 삼각형에서는 세 **angle** 의 합이 180도가 된다.(=the figure made by two lines or planes that extend from the same point or line)

loud [laud] → [명] loudness [형]
[반] quiet, calm
• 조용한 도서관에서 그렇게 **loud** 한 목소리로 말하지 말아라.(= strong in sound; not soft or quiet)

courage [kə́:ridʒ, kʌ́r-] → [형] courageous [명]
[유] bravery [반] weakness
• 13세의 소년이 그의 동생을 구하려고 불타는 건물에 들어가기 위해서는 상당한 **courage** 가 필요했다.(=bravery; the ability face danger or difficulties without fear)
• 그 경찰관은 추운 날씨에 물 속에 빠진 소녀를 구하려고 그 안으로 뛰어듦으로써, 커다란 **courage** 를 보여주었다.

artist [á:rtist] → [명] art [명]
• 전시회에 출품된 작품의 앞에는 작품을 만든 **artist** 의 이름이 있다.(=a person who works in any of the fine arts, especially in painting, drawing, sculpture, etc.)

clothes [klouðz] [명]
• 봄이 되자 그녀는 겨울에 입었던 **clothes** 를 상자 속에 담아 두었다.(=garments, such as coats, shirts, dresses, pants, etc.)

miss [mis] [동][동]
• 늦잠을 자는 바람에 그는 서둘러서 기차역으로 달려갔으나 기차

훔쳐보기

* angle	• 각, 각도	* artist	• 예술가, 미술가
* loud	• 큰 소리의, 시끄러운	* clothes	• 옷
* courage	• 용기, 대담	* miss	• 놓치다, 실패하다, 빗맞히다

를 **miss** 했다.(=fail to hit, find, reach, see, etc)
- 목표물을 조준하여 총을 발사했으나 **miss** 해버렸다.
- 그는 집에서 멀리 떨어진 대학을 다니고 있어서, 언제나 집에 있는 가족들을 **miss** 하고 있다.(=feel the absence or loss of)
- 시골에서 자란 그는 도시생활에 적응을 못하고 있다. 그는 시골에서의 생활을 **miss** 하고 있다.

general [dʒénərəl] → 통 generalize 부 generally　　　　　　형 형 형
- 그에 대한 **general** 한 평판은 좋지 않다.(=common; widespread)
- 우리의 **general** 한 계획은 이번 토요일에 떠나는 것이다. 그러나 아직 세부적인 계획은 정해지지 않았다.(=not detailed)
- 이 잡지는 특정 분야에 관한 것이 아니라 **general** 한 잡지이다.(=not limited to one thing, place, etc.)

enemy [énəmi]　　　　　　　　　　　　　　　　　　　　　　　　명
　반 friend
- 친구관계인 두 사람은 심한 말다툼이 있은 후에 서로 **enemy** 가되었다.(=a person or country that hates another or fights against another)
- 그는 오만하고 건방진 태도 때문에 주위에 많은 **enemy** 를 만들었다.
- 포로로 잡힌 그는 **enemy** 에게 비밀정보를 누설함으로써 아군이 전투에 패배하게 만들었다.

necessary [nésəsèri, -sisəri] → 명 necessity　　　　　　　　　형
- 쇼핑할 때는 그 물건이 너에게 정말 **necessary** 한 것인지 따져보고 구입하는 것이 좋다.(=needed; required; essential)
- 물은 인간이 살아가는 데 **necessary** 한 것이다.

훔쳐보기

	• 그리워하다, 없어서 아쉬워하다	* enemy	• 전문적이 아니고 일반적인
* general	• 공통된, 일반의	* necessary	• 적, 원수
	• 대체적인, 개괄적인		• 필요한, 필수적인

crazy [kréizi]   형 형 형

⑦ mad

- 그는 항상 혼자 뭐라고 중얼거리고 다닌다. *crazy* 한 사람인 것 같다.(=mentally ill; insane)
- 아무 것도 하지 않으면서 1년 동안 1억 달러를 벌려고 하는 것은 *crazy*한 생각이다.(=very foolish; mad; unwise)
- 너 정말 그 바보 같은 남자와 결혼하려고 하니? 너 진짜 *crazy* 하구나 !
- 그녀는 새로 나온 멋진 자동차를 보자마자, 그 자동차에 *crazy* 되었다.(=enthusiastic)

main [mein]   형

- 사업을 하는 데 있어서 그의 *main* 문제는 돈이 부족하다는 것이다.(=most important; chief)
- 내가 그를 좋아하지 않는 *main* 이유는 그가 게으르다는 것이다.

order [ɔ́:rdər]   명 명 동 동

- 장군은 지휘관들에게 새벽 3시에 적군을 공격하라는 *order* 를 내렸다.(=a command; a direction)
- 사전에 나오는 영어 단어들은 알파벳 *order* 로 되어 있다. 즉 a로 시작하는 단어가 가장 앞에 나오고, z로 시작하는 단어는 맨뒤에 온다.(=an arrangement of things one after another)
- 우리는 웨이터에게 맥주 3병과 과일 안주를 *order* 했다.(=ask for something one wants)
- 나는 카탈로그에 나와 있는 상품을 보고 통신 판매회사에 전화를 걸어 작은 탁자 하나를 *order* 했다.
- 사령관은 군대에게 후퇴하라고 *order* 했다.(=give an order to; command)

훔쳐보기

* crazy	• 미친	* order	• 명령, 지시
	• 어리석은, 정신나간		• 순서, 차례
	• 열광하는, 홀딱 빠진		• 주문하다
* main	• 가장 중요한, 주된		• 명령하다, 지시하다

퍼즐게임

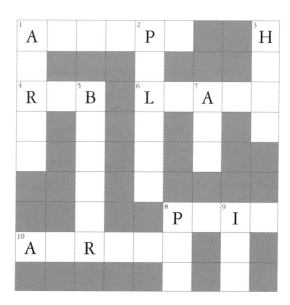

Across(가로 열쇠)

1. 받아들이다(say yes to an offer, an invitation, or a chance to do something)
4. 닦다, 문지르다(press something against a surface and move it back and forth.)
   문질러 바르다(spread on by rubbing)
6. 배우다, 익히다(get some knowledge or skill)
8. 고통, 아픔, 통증(physical suffering caused by injury or sickness; mental suffering)
10. 도착하다, 도달하다(get to the place you are going to)

Down(세로 열쇠)

1. 동의하다, 찬성하다(have the same opinion; consent to)
2. 경찰(the department of a city, state, etc. that keeps order, prevents and discovers crimes, etc.)
3. 사냥하다, 추적하다(search for wild animals or birds to catch or kill animals)
5. 성가시게 하다, 괴롭히다, 방해하다 (annoy; give trouble to; disturb)
7. 나이, 연령(the number of years you have lived)
8. 애완동물(an animal that is kept for companionship or amusement)
9. 아픈, 건강이 나쁜(not in good health; sick)

사 계 절 이 름	
spring	봄
summer	여름
autumn/fall	가을
winter	겨울

월 이 름	
January	1월
February	2월
March	3월
April	4월
May	5월
June	6월
July	7월
August	8월
September	9월
October	10월
November	11월
December	12월

요 일 이 름	
Sunday	일요일
Monday	월요일
Tuesday	화요일
Wednesday	수요일
Thursday	목요일
Friday	금요일
Saturday	토요일

숫 자 (서 수)	
first	1번째
second	2번째
third	3번째
fourth	4번째
fifth	5번째
sixth	6번째
seventh	7번째
eighth	8번째
ninth	9번째
tenth	10번째
eleventh	11번째
twelfth	12번째
thirteenth	13번째
fourteenth	14번째
fifteenth	15번째
sixteenth	16번째
seventeenth	17번째
eighteenth	18번째
nineteenth	19번째
twentieth	20번째
twenty-first	21번째
twenty-second	22번째
twenty-third	23번째
⋮	
ninety-eight	98번째
ninety-nine	99번째
hundredth	100번째

bound [baund] 명동

- 아무도 그것을 알지 못한다. 그것은 인간 지식의 **bounds** 를 벗어 났다.(=a limit; boundary)
- 공이 벽에 부딪힌 다음 내게로 다시 **bound** 되었다.(=jump or leap)

coin [kɔin] 명

- 최근에 나오는 자동판매기는 **coin** 뿐만 아니라 지폐도 사용이 가능하다.(=a piece of metal marked and issued by a government authority for use as money)

rent [rent] → 명 rent 동동

- 우리는 제주도를 여행하는 동안 버스를 이용하지 않고, 그곳에서 자동차 한 대를 **rent** 했다.(=use another's property in return for regular payment)
- 그는 자신이 소유하고 있는 아파트를 젊은 부부에게 2년의 전세 계약으로 **rent** 했다.(=allow the use of one's own property for regular payment)

candle [kǽndl] 명

- 정전이 되는 바람에 하는 수 없이 **candle** 을 켜고 작업을 했 다.(=a stick of wax or tallow with a wick inside that is burned to give light)

example [igzǽmpəl, -zάːm-] 명

- 이 그림은 그 화가의 많은 작품 중에서 하나의 **example** 일 뿐이 다. 이것 이외에 훌륭한 작품들이 많이 있다.(=a sample or specimen; instance)
- 이 사고는 음주운전으로 인한 교통사고의 좋은 **example** 이다.
- 그 회사는 전시회에서 최근에 개발한 신상품의 **example** 을 보여

훔쳐보기

* bound	• 한계, 범위	• 임대하다, 빌려주다
	• 튀다, 뛰다	* candle • 양초
* coin	• 동전	* example • 실례, 보기, 샘플
* rent	• 사용대가를 지불하고 빌리다	

주었다.

rule [ruːl] 명 명 동

- 학생들은 학교의 ***rule*** 을 지켜야 한다.(=an official statement that controls behavior or action)
- 축구에서 골키퍼를 제외한 선수가 공을 손으로 잡는 것은 ***rule*** 의 위반이다.
- 저녁 식사를 늦게 하는 것이 그들의 ***rule*** 이다.(=the usual way of doing things)
- 왕은 20년간 그 나라를 ***rule*** 했다.(=govern; control)

case [keis] 명 명 명

유 example
- 그 자동차 사고는 운전자의 부주의로 일어난 대표적인 ***case*** 다.(=a single example or happening)
- 보통의 상황이라면 동의하지 않겠지만, 이 ***case*** 는 예외로 하겠다.(=a situation or state of affairs)
- 그 ***case*** 는 언제 재판에 회부됩니까?(=a matter to be decided by a court of law)
- 두 명의 변호사가 그 ***case*** 를 다룰 것이다.

march [mɑːrtʃ] 동

- 군인들이 2열로 줄을 맞추어서 길을 따라 ***march*** 했다.(=walk with regular, steady steps)

smooth [smuːð] → 동 smooth 형

유 even, flat 반 rough
- 바람이 불지 않아서, 호수의 표면이 ***smooth*** 했다.(=having an even or level surface)
- 그녀의 피부는 비단결처럼 ***smooth*** 했다.

훔쳐보기

* rule	• 규칙, 규정		• 상황
	• 관례, 습관		• 소송, 사건
	• 통치하다, 지배하다	* march	• 행진하다, 행군하다
* case	• 사례, 경우	* smooth	• 잔잔한, 매끈매끈한,

- 면도를 한 후에 턱은 ***smooth*** 해졌다.

cough [kɔ(:)f, kɑf] → 동 cough   명
- 그는 심한 ***cough*** 에 걸려서 며칠간 고생했다.(=a pushing of air from the throat because of sickness or irritation)

concert [kɑ́nsə(:)rt / kɔ́n-]   명
- 내가 좋아하는 기타연주자의 ***concert*** 가 다음 달에 서울에서 열린다.(=a musical performance)

beauty [bjúːti] → 형 beautiful   명
- 이 시(詩)는 이 바닷가에서 해가 지는 모습의 ***beauty*** 를 표현한 시다.(=the beautiful appearance of a place or person)

accent [ǽksent, -sənt]   명
- 그녀는 영어로 얘기할 때, 독일어의 ***accent*** 로 말한다. 그녀는 독일출신임에 틀림없다.(=a special, national or regional way of speaking)
- 그가 말하는 것을 들으면, 그의 ***accent*** 로부터 그가 지방 출신이라는 것을 쉽게 알 수 있다.

excuse [ikskjúːz]   동 명
- 제 아들이 무례하게 행동한 것에 대해 ***excuse*** 해 주십시오.(=forgive; pardon)
- 늦게 온 것을 ***excuse*** 해 주세요.
- 그는 아파서 숙제를 하지 못했다는 ***excuse*** 를 했지만, 선생님은 그것을 인정하지 않았다.(=a reason given to explain some action or behavior)
- 너는 항상 모임에 늦는 것 같다. 이제 너의 ***excuse*** 를 듣는 것도 한계가 있다.

훔쳐보기

	반들반들한	* accent	• 말투, 사투리
* cough	• 감기, 기침	* excuse	• 용서하다
* concert	• 음악회, 연주회		• 변명
* beauty	• 아름다움		

cash [kæʃ]   명
- 그녀는 물건값을 지불하는 데 *cash* 가 없어서 수표로 지불했다.(=money in the form of bills or coins)

empty [émpti]   형
ⓨ vacant ⓑ full, filled
- 그는 *empty* 한 병에 식수를 가득 채웠다.(=containing nothing; vacant; unoccupied)
- 옆집은 1년째 아무도 살지 않는 *empty* 한 집이다.
- 집에 돌아와 보니 방안은 엉망이 되어버렸고 금고 안은 *empty* 했다. 도둑이 돈을 모두 훔쳐갔다.
- 그의 잔이 *empty* 해서 그의 잔에 술을 채웠다.

natural [nætʃərəl]   형 형 형
- 일반적으로 지진, 홍수 등은 인간에 의한 재난이 아니라 *natural* 한 재난에 속한다.(=produced by nature; not artificial or man-made)
- 그의 음악적 재능은 배운 것이 아니라, *natural* 한 능력이다.(= belonging to a person by nature; not learned)
- 동물이 궁지에 몰렸을 때 자신을 방어하기 위해 공격하는 것은 *natural* 한 것으로서 전혀 이상한 일이 아니다.(=normal; usual)

beast [biːst]   명
- 그들은 정글 속에서 텐트를 치고 자다가, 밖에서 야생 *beast* 의 소리를 들었다.(=any four-footed animal)

noise [nɔiz] → 형 noisy   명
ⓑ silence, peace
- 이 곳에서는 *noise* 가 너무 커서 네가 말하는 소리가 들리지 않는다.(=a loud or unpleasant sound)
- 한밤중에 밖에서 나는 *noise* 가 나의 수면을 방해했다.

훔쳐보기

* cash	• 현금		• 보통의, 당연한
* empty	• 비어 있는, 텅 빈	* beast	• 네발 달린 짐승
* natural	• 자연 발생적인, 천연의	* noise	• 소음, 잡음
	• 타고난, 선천적인		

alive [əláiv]　　　　　　　　　　　　　　　　　　　　　　　형

　　반 dead
- 6 · 25때 죽은 줄로 알았던 할아버지가 북한에 **alive** 하다는 소식을 들었다.(=not dead; living)

raise [reiz]　　　　　　　　　　　　　　　　　　　　　동 동 동

　　반 lower
- 수업중에 질문이 있으면 손을 **raise** 하세요.(=lift)
- 아버지가 일찍 돌아가셨기 때문에 어머니는 혼자서 4명의 자녀를 **raise** 했다.(=bring up)
- 그는 올해 일을 성공적으로 수행했기 때문에 내년에 월급이 **raise** 될 것이다.(=increase)

exercise [éksərsàiz] → 동 exercise　　　　　　　　　　명 명
- 먹기만 하고 적당한 **exercise** 를 하지 않으면 살이 찔 것이다.(= physical movement to train and strengthen the body)
- 수학 선생님은 남은 시간동안 학생들에게 함수에 관한 **exercise** 를 내주었다.(=a problem or task to be studied and worked on in order to improve understanding or skill)

appear [əpíər] → 명 appearance　　　　　　　　　　　동 동

　　유 seem, look　반 disappear
- 그녀의 웃는 모습을 보니 행복한 것처럼 **appear** 했다.(=seem)
- 태양이 커다란 구름 뒤에서 갑자기 **appear** 해서 눈이 부셨다.(= come into sight)

result [rizʌ́lt] → 동 result from, result in　　　　　　　명

　　반 cause
- 그의 훌륭한 기술은 수많은 연습의 **result** 다.(=something that

훔 쳐 보 기

* alive	• 살아있는, 생명이 있는	• 문제, 연습
* raise	• 올리다	* appear ・ -처럼 보이다, -인 것 같다
	• 기르다	• 나타나다, 보이다
	• 크기나 정도가 오르다	* result ・ 결과
* exercise	• 운동	

happens because of something else; an effect)

- 오늘 아침 신문에서 어제 프로야구 경기의 **result** 를 알았다.
- 오늘 치른 시험의 **result** 는 다음 주에 나올 것이다.

beggar [bégər]   명

- **beggar** 들은 거리에서 구걸을 하거나, 버린 음식을 주워먹고, 지하철역 안에서 잠을 자기도 한다.(=a person who begs for a living)

crowd [kraud]   명 동

- 그 국회의원 후보는 광장에 모여든 **crowd** 앞에서 연설을 했다.(=a large number of people in a group)
- 사람들이 폭발사고 현장을 보기 위해 그곳으로 **crowd** 했다.(= gather together in a large group)

asleep [əslí:p]   형

- ⑲ awake
- 그는 옆에서 시끄러운 소리가 나는데도 깨어나지 않았다. 피곤해서 깊이 **asleep** 한 것 같다.(=sleeping)

fail [feil] → 명 failure   동 동

- ⑲ succeed
- 이번에도 운전면허시험에 **fail** 한다면, 운전면허를 포기할 것이다.(=not succeed)
- 그가 자동차를 멈추려 할 때 브레이크가 **fail** 해서 사고가 났다.(=stop working; break down)

crown [kraun]   명

- 왕은 값비싼 보석이 박힌 **crown** 을 항상 머리에 쓰고 있다.(=a head covering for a king or queen)

훔쳐보기

* beggar	· 거지	* fail	· 떨어지다, 불합격하다
* crowd	· 군중		· 고장나다, 작동하지 않다
	· 떼지어 모이다	* crown	· 왕관
* asleep	· 잠든, 잠들어 있는		

stupid [stjúːpid]　　　　　　　　　　　　　　　　형 형

　　반 intelligent, smart
　　• 그가 똑같은 실수를 여러 번 반복하는 것을 보니, 그는 **stupid** 하
　　　다.(=not smart; dumb; dull)
　　• 자동차 키를 차에 두고 내린 것은 정말 **stupid** 한 행동이다.(=
　　　foolish; not sensible)

besides [bisáidz]　　　　　　　　　　　　　　　　　부

　　• 나는 지금 너무 피곤하고, **besides** 밖에는 비가 온다. 그러니 그
　　　곳에 가는 것은 포기해야겠다.(=also; in addition)

answer [ǽnsər, áːn-] → 동 answer　　　　　　　　명 명

　　유 reply　반 question
　　• 어디를 가느냐고 어머니가 물었지만, 그는 아무런 **answer** 를 하
　　　지 않았다.(=a reply to a question)
　　• 내가 편지를 보낸 것이 2주일이 넘었는데, 아직 **answer** 를 받지
　　　못했다.
　　• 책에 있는 문제에 대한 **answer** 는 책의 뒤쪽에 있다.(=the
　　　solution to a problem)
　　• 5번 문제에 대한 **answer** 는 4번이다.

base [beis] → 형 basic　　　　　　　　　　　　　　명

　　• 토마토를 **base** 로 해서, 여러 가지 소스를 만들 수 있다.(=the
　　　main part; basis; foundation)

damage [dǽmidʒ] → 동 damage　　　　　　　　　　명

　　• 폭풍우는 농작물에 커다란 **damage** 를 입혔다.(=harm; loss; hurt)
　　• 그 회사와 정부의 고위 관리 사이에 일어난 뇌물사건은 그 회사
　　　의 명성에 커다란 **damage** 를 주었다.

훔쳐보기

* stupid	• 멍청한, 이해가 느린	• 해답, 정답
	• 어리석은	* base　　• 기본, 기초
* besides	• 게다가, 또한	* damage　• 손해, 손상, 피해
* answer	• 대답, 답변	

fair [fɛər]   형 명

    반 unfair

- 그 심판은 언제나 **fair** 한 판정을 내리기 때문에 모든 선수들로부터 존경을 받는다.(=just and honest)
- 서울 삼성동 국제무역센터에서는 매년 도서관련 **fair** 가 열린다.(=an event at which goods are shown and sold)

data [déitə, dáːtə, dǽtə]   명

    유 information

- 그는 연구를 위해 새에 관한 **data** 를 모으고 있다.(=facts, numbers, and other information that has been collected and stored)
- 내가 수집한 모든 **data** 가 컴퓨터에 저장되어 있다.

ache [eik] → 명 ache   동

- 2시간 동안 계속해서 가구를 운반했더니 팔이 **ache** 하다.(=feel a continuous pain)

birthday [bə́ːrθdèi]   명

- 그의 여자친구의 **birthday** 가 모레다. 그러나 그는 무엇을 선물해야 할지 아직도 결정하지 못했다.(=the day of a person's birth)

awake [əwéik]   형

    반 asleep

- 그녀는 라디오 음악 프로그램을 듣느라 오전 2시까지 **awake** 했다.(=not sleeping)
- 새벽 3시인데도 그는 아직 **awake** 했다. 그는 밤늦게 글을 쓰는데 익숙한 것 같다.

false [fɔːls]   형 형

    반 true, correct

훔쳐보기

* fair	• 공정한, 올바른 • 전시회, 전람회	* birthday * awake	• 생일 • 깨어있는, 잠자지 않는
* data	• 자료, 정보	* false	• 잘못된, 정확하지 않은,
* ache	• 아프다		틀린

- 네가 나에게 말해줬던, 그녀에 관한 정보는 **false** 하다. 그녀는 오늘 이곳에 오지 않았다.(=not true or correct; wrong)
- 목격자는 법정에서 진실만을 말할 것을 선서했음에도 불구하고 **false** 한 증언을 했다.(=not honest; lying)
- 그녀는 미팅에서 만난 파트너에게 **false** 한 전화번호를 가르쳐 주었다. 왜냐하면 그녀는 그가 마음에 들지 않았기 때문이다.

beg [beg] 　　　　　　　　　　　　　　　　　　　　　　동

- 그 지역의 거지들은 집집마다 돌아다니며 음식을 **beg** 하고 있다.(=ask people in the street for money)
- 그 고아는 육교 계단에서 지나가는 사람들에게 도와달라며 **beg** 하고 있었다.

gift [gift] 　　　　　　　　　　　　　　　　　　　　　　명 명

⊕ present

- 그녀는 인형과 반지를 생일 **gifts** 로 받았다.(=something given; a present)
- 아버지는 나에게 생일 **gift** 로 시계를 사주었다.
- 모차르트는 어렸을 때부터 음악에 **gift** 가 있었다.(=a special natural ability)

blind [blaind] → 명 blindness 　　　　　　　　　　　　　　형

- 그는 **blind** 해서 밖에 혼자 나갈 때는 검은 안경을 쓰고 지팡이나 강아지의 도움을 받는다.(=unable to see)

develop [divéləp] → 명 development 　　　　　　　　　　　동 동

- 빛과 수분은 식물이 **develop** 하는 데 필수적인 요소다.(=grow or cause to grow)
- 수영을 하면 어깨의 근육이 **develop** 된다.
- 그는 많은 책을 읽음으로써 지성을 **develop** 했다.(=make or

훔쳐보기

	• 거짓의	* blind	• 눈먼
* beg	• 구걸하다, 간청하다	* develop	• 성장하다(시키다),
* gift	• 선물		발달하다(시키다)
	• 재능		• 발달하다(시키다)

become better, more advanced, more knowledgeable)

bank [bæŋk] 〔명〕
- 그녀는 자신의 예금계좌에서 돈을 찾으러 **bank** 에 갔다.(=a place of business for keeping, exchanging, or lending money)

favor [féivər] → 〔명〕 favor 〔형〕 favorable, favorite 〔동〕〔동〕
- 대부분의 사람들은 세금을 낮추는 새로운 법안에 **favor** 하고 있다.(=approve; support)
- 부모는 자식들 중 어느 한 명을 **favor** 해서는 안된다.(=show preference)
- 심판은 두 팀중 어느 한 팀을 **favor** 해서는 안된다.

culture [kʌ́ltʃər] 〔명〕
- 한 나라(지역)의 음악, 미술, 역사, 문학 등을 통틀어서 그 나라(지역)의 **culture** 라고 한다.(=the art, music, literature, and history of a country or area)

cube [kju:b] 〔명〕
- 가로·세로·높이의 길이가 같은 입체를 **cube** 라고 한다.(=a solid object with six equal sides)

blow [blou] 〔동〕〔동〕〔명〕
- 바람이 세차게 **blow** 하고 있다.(=move with force)
- 창문을 열었더니 강한 바람이 들어와 책상 위의 서류들을 **blow** 했다.(=be moved or cause to move by means of current air)
- 그 권투선수는 상대편의 강한 **blow** 를 얼굴에 맞고 바닥에 쓰러졌다.(=a hard hit with the hand or some weapons)

훔쳐보기

* bank	• 은행	* cube	• 정육면체
* favor	• 찬성하다, 지지하다	* blow	• 강하게 움직이다
	• 편애하다, 더 좋아하다		• 날리다, 날리게 하다
* culture	• 문화		• 강타, 일격

bill [bil]   명 명 명

- 그들은 식사를 마치고 나서, 식사 값을 지불하기 위해 웨이터에게 **bill** 을 가져다 달라고 했다.(=a listing of money owed for goods or services)
- 10달러 짜리 **bill** 한 장과 동전 몇 개(=a piece of paper money)
- 세금과 관련된 새로운 **bill** 에 대해 오늘 국회에서 투표가 있을 예정이다.(=a proposed law to be voted on by lawmakers)

address [ədrés] → 통 address   명

- 그가 나에게 얘기했던 **address** 가 틀린 것 같다. 내가 보낸 소포가 다시 되돌아왔다.(=number, street and place where one lives)

channel [tʃǽnl]   명 명

- English(영국) Channel은 영국과 프랑스 사이의 바다를 말하는 것으로 대서양과 북해를 연결시킨다.(=a body of water joining two larger bodies of water)
- 내가 TV에서 야구를 보고 있는데, 누나가 드라마를 보려고 다른 **channel** 로 돌렸다.(=a band of radio waves used for broadcasting, as on TV)

feed [fi:d] → 명 feed   통

- 내가 어렸을 때, 오리들에게 빵 부스러기를 **feed** 하는 것을 좋아했다.(=give food to; provide as food)
- 그녀는 강아지에게 고기와 빵을 **feed** 한다.

discuss [diskʌ́s] → 명 discussion   통

- 그 문제에 대해서 결정을 내리기 전에, 부모님과 **discuss** 하는 것이 좋겠다.(=talk about)
- 어디로 갈 것인가에 대해 2시간이나 **discuss** 했지만 결론이 나지 않았다.

훔쳐보기

* bill	• 계산서, 청구서	* channel	• 해협
	• 지폐		• 채널
	• 법안	* feed	• 먹이를 주다, 먹이다
* address	• 주소	* discuss	• 의논하다, 토론하다

born [bɔːrn]   형
- 그녀는 1890년에 **born** 해서 1963년에 사망했다.(=brought into existence)
- 그 점쟁이는 이 마을에서 내년에 **born** 하는 아이들은 저주를 받을 것이라고 말했다.

daughter [dɔ́ːtər]   명
- 그는 자식 중에 아들이 없다. **daughter** 만 둘이다.(=someone's female child)

fight [fait] → 명 fight   동
  ㈜ battle, combat
- 그들은 침략자에 맞서서 용감히 **fight** 했다.(=struggle with, using force; battle; try to overcome)
- 그는 오랫동안 병상에서 질병과 **fight** 해왔다.
- 두 소년은 하나밖에 없는 장난감 차를 가지고 서로 **fight** 했다.

calm [kɑːm]   형
  ㈜ excited
- 너는 지금 매우 흥분된 것 같다. 네가 **calm** 해진 후에 이 문제에 대해 다시 얘기하자.(=not excited; quiet; peaceful)
- 폭풍우가 지나간 후에 바다는 다시 **calm** 해졌다.

bomb [bɑm, bɔm]   명
- 시내 중심가의 한 건물에서 테러범이 장치한 것으로 보이는 **bomb** 이 폭발해 수십 명이 사망했다.(=an explosive device)

event [ivént]   명 명
- 아프리카 여행은 그의 청소년기의 커다란 **event** 였다.(=that which happens, especially a happening of importance)
- 지역신문에는 사고, 생일, 결혼 등 그 지역의 **event** 를 싣는다.

훔쳐보기

* born	• 태어난, 출생의	* calm	• 평온한, 차분한, 고요한
* daughter	• 딸	* bomb	• 폭탄
* fight	• 싸우다	* event	• 사건, 경험, 행사

- 그 마을의 맥주 페스티벌은 매년 행해지는 **event** 다.
- 다음 **event** 는 남자 100미터 달리기다.(=a contest in a program of sports)

brave [breiv] → 몡 bravery   혱

   유 courageous 반 timid, cowardly

- 불타고 있는 집에서 어린이를 구출해 내다니, 그는 정말 **brave** 한 소년이다.(=not afraid; possessing or showing courage)
- 어떤 **brave** 한 시민이 강물에 빠진 아기를 구해냈다.

actor [ǽktər] → 몡 actress   몡

- 내가 가장 좋아하는 **actor** 는 레오나르도 디카프리오다.(=a person who acts in a play or movie)
- 로미오의 역할을 맡은 그 **actor** 는 인상적인 연기를 했다.

cost [kɔːst / kɔst]   몡 동

- 모스크바에서 빵 한 조각의 **cost** 는 얼마입니까?(=price; the amount of money, time, work, etc. asked or paid for something)
- 환율의 급등으로 인하여 원자재의 **cost** 가 상승했다.
- 밴쿠버까지 비행기로 가는 데 300달러가 **cost** 될 것이다.(=be priced at)

bargain [báːrgən] → 동 bargain   몡

- 그가 나에게 노트를 빌려주는 대신, 나는 그에게 음악 CD를 며칠동안 빌려주기로 그와 **bargain** 을 맺었다.(=an agreement between two sides)
- 근로자 측과 경영자 측이 조금씩 양보하여 마침내 임금에 관한 **bargain** 을 맺었다.

figure [fígjər / -gər]   몡 몡 몡 동

- 사람들은 일반적으로 자기의 **figure** 에 알맞은 옷을 산다.(=a

훔쳐보기

	• 시합, 경기	* cost	• 비용, 가격
* brave	• 용감한		• 비용이 들다
* actor	• 남자 배우	* bargain	• 계약, 협정

person's shape)
- 15페이지에 나온 *figure* 는 올바른 기타 연주 모습을 보여주고 있다.(=a picture or diagram)
- 청구서에 금액을 문자로 쓰지 말고, *figure* 로 써라.(=a symbol for a number)
- 계산대의 점원들은 물건값을 정확하고 빠르게 *figure* 할 수 있어야 한다.(=calculate)

dictionary [díkʃənèri / -ʃənəri]　　　　　　　　　　　　　　명
- 그는 영어 문장을 읽다가 모르는 단어가 나와서, *dictionary* 를 찾아봤다.(=a book that tells you the meaning of words and lists them in alphabetical order)

cage [keidʒ]　　　　　　　　　　　　　　　　　　　　　　명
- *cage* 에 갇혀 있는 새들을 보면 너무 불쌍하다. 새들을 자유롭게 풀어주고 싶다.(=a box of made bars or wires in which birds or animals are kept or carried)

branch [bræntʃ, brɑːntʃ]　　　　　　　　　　　　　　　명 명 명
- 폭풍우 때문에 나무의 *branch* 들이 부러져 땅에 떨어졌다.(=a smaller part growing out from the main part of a tree)
- 화학은 과학의 한 *branch* 다.(=a division or part)
- 정부는 입법, 행정, 사법의 세 *branch* 로 나누어진다.
- 대부분의 은행들은 전국에 *branch* 를 두고 있어서, 고객들은 가까운 *branch* 에 가서 업무를 볼 수 있다.(=an office, shop, etc. that is part of a larger organization)

interest [íntərist] → 형 interested, interesting, 동 interest　　명 명 명
- 그 책은 첫 페이지부터 나의 *interest* 를 끌었다.(=a feeling of

훔쳐보기

* figure	• 인체, 형태, 모양	* cage	• 새장, 우리
	• 그림, 도표	* branch	• 나뭇가지
	• 숫자		• 부문
	• 계산하다		• 본사(점)에 대한 지점, 지사
* dictionary	• 사전	* interest	• 관심, 흥미, 호기심

wanting to give special attention to something)
- 그의 흥미 있는 소설은 독자의 *interest* 를 불러 일으켰다.
- 학교에서 좋은 시험 점수를 얻는 것이 나중에 너에게 *interest* 가 될 것이다.(=advantage; benefit)
- 그는 은행에서 5%의 *interest* 로 돈을 빌렸다.(=regular payments for use of money borrowed)

amateur [ǽmətʃùər, -tʃər, -tər] 명

(반) professional
- 올림픽에서는 *amateur* 만이 참가자격이 있었으나, 최근에는 프로선수도 참가하고 있다.(=a person who engages in an art, science, or sport for enjoyment rather than for money)

chew [tʃuː] 동

- 음식물을 완전히 *chew* 한 다음 삼키는 것이 좋다.(=bite and grind up with the teeth)

accident [ǽksidənt] → 형 accidental 명 숙

- 그는 길을 건너다가 자동차 *accident* 를 당해서 다리가 부러졌다.(=a happening that causes damage or hurt)
- 그녀는 아침에 출근하다가 *accident* 를 당했다. 계단을 내려가다가 넘어져서 뼈에 금이 갔다.
- 우리가 동시에 도착한 것은 같이 오려고 계획한 것이 아니라, *by accident* 하게 일어난 것이다.(=by chance)

distance [dístəns] → 형 distant 명

- 집에서 학교까지의 *distance* 는 약 1km이다.(=the amount of space between two points)

훔 쳐 보 기

	• 이익, 이로움	* accident	• 사고
	• 이자		• 우연히
* amateur	• 아마추어, 비전문가	* distance	• 거리
* chew	• 씹다		

level [lévəl] → 명 level   형 동
- 탁자 위가 **level** 하다면 탁자 위의 공이 움직이지 않을 것이다. 그러나 탁자 위가 한 쪽으로 기울어져 있다면 그 쪽으로 공이 굴러갈 것이다.(=flat; smooth)
- 자동차가 다닐 수 있도록 울퉁불퉁한 땅을 불도저로 **level** 했다.(=make flat or smooth)

crop [krɑp / krɔp]   명 명
- 밀과 옥수수는 그 나라에서 널리 재배되는 **crop** 이다.(=a plant or plant product that is grown and harvested)
- 올해는 비가 충분히 오지 않아서 작년보다 쌀의 **crop** 이 적다.(=the amount of such a product grown or gathered)

drop [drɑp / drɔp] → 명 drop   동 명
- 사과나무에서 사과가 땅으로 **drop** 했다.(=fall or let fall)
- 전투기는 폭탄을 목표지점에 정확히 **drop** 했다.
- 낮에 많이 올라갔던 온도가 밤에는 **drop** 되었다.(=make or become lower or less)

bathroom [bǽθrù(:)m, bɑ́:θ-] → 명 bath   명
- 언니가 **bathroom** 에 들어간 지 30분이 지났다. 빨리 나와야 다른 사람들이 사용할텐데(=a room containing a toilet and sink and often a bathtub or shower)

castle [kǽsl, kɑ́:sl]   명
- 중세시대에 유럽의 왕들은 커다란 **castle** 에서 살았다.(=a large building with high thick walls)

bet [bet] → 명 bet   동
- 내일 날씨에 대해서 친구와 **bet** 했다. 비가 오면 내가 만원을 주

훔쳐보기

* level	• 평평한, 수평의	* drop	• 떨어지다, 떨어뜨리다
	• 평평하게 하다		• 낮게 하다, 낮아지다
* crop	• 작물, 곡물	* bathroom	• 욕실
	• 수확량	* castle	• 성

고 비가 오지 않으면 만원을 받기로 **bet** 했다.(=try to win money by guessing who will win a race or game)

author [ɔ́:θər] 명

- 세르반테스는 소설 《돈키호테》의 **author** 다.(=a person who writes a novel, poem, play, etc)
- 에밀리 브론테는 소설 《폭풍의 언덕》의 **author** 다.

calendar [kǽlindər] 명

- 올해 **calendar** 에서 공휴일을 세어보니 작년보다 3일이 줄어들었다.(=a list that shows the days, weeks and months of a particular year)

ceiling [síːliŋ] 명

- 방의 벽에는 벽지를 모두 발랐다. 이제 **ceiling** 만 남았는데, **ceiling** 에 벽지를 바르는 일은 쉽지 않다.(=the inside upper surface of a room)

dull [dʌl] 형 형 형

⑲ sharp, interesting, intelligent
- 이 칼은 너무 **dull** 해서 물건을 자를 수가 없다.(=not sharp)
- 그의 이야기는 **dull** 해서 우리는 계속 졸았다.(=boring; uninteresting)
- 그 사람은 **dull** 해서 한 가지를 이해하는 데 상당한 시간이 걸린다.(=slow to understand)

cook [kuk] 동

- 집에 놀러온 아내의 친구들을 위해 내가 부엌에서 저녁식사를 직접 **cook** 하고 있다.(=prepare food by using heat)
- 일요일에는 남편이 점심을 **cook** 한다.

훔쳐보기

* bet	• 내기하다, 돈을 걸다	* dull	• 무딘, 잘 들지 않는
* author	• 작가, 저자		• 지루한, 재미없는
* calendar	• 달력		• 둔한, 우둔한
* ceiling	• 천장	* cook	• 요리하다, 음식을 준비하다

basic [béisik] → 명 base, basis   형
- 다른 것은 몰라도 그 게임의 **basic** 한 규칙은 알아야 한다.(= fundamental; main)
- 산수의 **basic** 한 과정은 더하기, 빼기, 곱하기, 나누기의 사칙연산이다.
- 인간이 살아가는 데 가장 **basic** 하게 필요한 것들은 음식, 주택, 건강이다.

cousin [kʌ́zn]   명
- 큰아버지나 작은아버지의 아들(딸)과 나는 **cousin** 관계다.(= the child of one's uncle or aunt)

narrow [nǽrou]   형
  반 wide
- 이 도로는 너무 **narrow** 해서 두 대의 차가 동시에 지나갈 수 없다.(= small or limited in width)
- 이 문은 너무 **narrow** 해서 뚱뚱한 사람은 그 문을 통과하기가 무척 힘들다.

neighbor [néibər] → 명 neighborhood   명
- 밤에 내가 틀어놓은 음악소리가 너무 커서 몇몇 **neighbor** 가 잠을 잘 수가 없다고 항의했다.(= a person who lives nearby)

proud [praud] → 명 pride   형 숙 형
- 그는 너무 **proud** 해서 힘든 상황일 때에도 다른 사람들에게 도움을 요청하지 않는다.(= having self-respect)
- 그녀는 그녀의 딸이 대학에 수석 입학한 것을 매우 **be proud of** 하고 있다.(= take pride in)
- 그는 **proud** 해서 사람들에게 인사를 하질 않는다.(= thinking too highly of oneself; vain; haughty)

훔쳐보기

* basic	• 근본적인, 기초적인
* cousin	• 사촌
* narrow	• 좁은
* neighbor	• 이웃

* proud	• 자존심이 있는
	• be ~ of 자랑하다
	• 거만한, 오만한

rest [rest] 동 명 명

- 우리들은 오랫동안 많이 걸었으므로, 나무 아래서 잠시 **rest** 했다.(=relax; stop doing something)
- 너는 무척 피곤해 보인다. **rest** 가 필요한 것 같다.(=a period of relaxing or doing nothing)
- 10문제 중에서 하나만 어렵고 **the rest** 는 쉽다.(=the part that is left; remainder)

shy [ʃai] 형

반 bold

- 그는 **shy** 해서 그녀에게 말 한마디 제대로 하지 못했다.(=not at ease with other people; not bold)
- 그녀는 **shy** 해서 사람들 앞에 서서 말을 할 수 없었다.

stare [stɛər] → 명 stare 동

- 아이들은 이상한 옷을 입은 그 사람을 호기심의 눈빛으로 **stare** 했다.(=look long and steadily with wide-opened eyes)
- 그는 나의 질문에 대답하지 않고, 단지 창문 밖을 **stare** 하고 있었다.

bloom [blu:m] → 명 bloom 동 동

유 blossom 반 wither

- 장미는 5-6월에 **bloom** 한다.(=produce flowers)
- 그의 천재적인 발명가 기질은 일찍 **bloom** 해서 성인이 된 후에는 사라졌다.(=be at one's best)

surprise [sərpráiz] 동

유 amaze

- 미국에 있을 것이라고 생각했던 그가 이곳에 갑작스럽게 모습을 나타내자 우리는 모두 **surprised** 되었다.(=come upon suddenly or

훔쳐보기			
* rest	• 쉬다, 휴식하다	* stare	• 응시하다, 쳐다보다
	• 휴식	* bloom	• 꽃이 피다
	• 나머지		• 한창이다, 번영하다
* shy	• 수줍은, 부끄러워하는	* surprise	• 놀라게 하다

unexpectedly)
- 항상 바지를 입던 그녀가 오늘은 미니스커트를 입고 나와서, 우리는 모두 **surprised** 되었다.

couple [kʌ́pəl]   명
- 이곳은 5월이 되면 신혼여행을 온 **couple** 들로 가득 찬다.(=a man and a woman together)

course [kɔːrs]   명 명
- 우리 나라는 중학교에서 3년 **course** 를 마치고 고등학교로 올라간다.(=an entire series of studies or any one of these studies)
- 험악한 날씨 때문에 배가 **course** 를 벗어났다.(=the way or direction in which something should move)

knock [nɑk / nɔk] → 명 knock   동 동 동
- 그는 해머로 벽을 **knock** 했다.(=hit with the fist or blows)
- 야구선수는 투수가 던진 공을 **knock** 해서 운동장 밖으로 날려보냈다.
- 나는 누군가가 문을 **knock** 하는 것을 들었다.(=hit lightly)
- 그 녀석의 턱을 쳐서 **knock down**시켰다.(=hit and make fall)

lock [lɑk / lɔk] → 명 lock   동
- 그는 외출할 때 외부 사람이 들어오지 못하도록 열쇠로 문을 **lock** 했다.(=fasten with a lock)

actress [ǽktris] → 명 actress   명
- 그가 가장 좋아하는 **actress** 는 줄리아 로버츠이다.(=a woman who acts in a play or movie)
- 여주인공을 맡은 **actress** 는 감동적인 연기를 했다.

훔쳐보기

* couple	· 쌍, 부부		· 두드리다
* course	· 교육 과정, 강좌		· 쳐서 쓰러뜨리다, 부수다
	· 진로, 방향	* lock	· 잠그다
* knock	· 주먹 또는 단단한 것으로 치다	* actress	· 여자 배우

beach [biːtʃ] 〔명〕

- 휴가철이 되자 부산, 강릉, 제주도의 **beach** 에서는 많은 사람들로 붐볐다.(=an area of sand at the edge of the sea)

dear [diər] 〔형〕〔형〕

- 그는 내게 매우 **dear** 한 친구여서, 한 달에 몇 번씩은 꼭 만난다.(=much loved; precious)
- 그 옷은 마음에 들지만 너무 **dear** 해서 내 월급으로는 구입할 수가 없다.(=high in price)

bare [bɛər] 〔형〕

(반) clothed, dressed

- 그는 **bare** 한 발로 모래 위를 걷다가 유리에 발바닥을 찔렸다.(= without clothing or covering; empty)
- 전쟁과 계속된 가뭄으로 들판이 **bare** 하게 변했다.

chance [tʃæns, tʃɑːns] → 〔동〕 chance 〔명〕〔명〕〔명〕

- 비가 올 **chance** 는 거의 없다.(=possibility; probability; prospect)
- 내일 경기에서 강팀과 대결하게 됐는데, 우리 팀이 이길 **chance** 는 있습니까?
- 제발 저에게 말할 **chance** 를 주십시오.(=an opportunity)
- 네가 원하는 것을 할 수 있는 좋은 **chance** 다.
- 우리가 어제 거리에서 만난 것은 **chance** 였다.(=fortune; luck)
- 카드놀이에서 실력보다는 **chance** 가 중요한 역할을 할 때도 있다.

blanket [blǽŋkit] 〔명〕

- 너무 추워서 나는 **blanket** 2개를 덮고 잔다.(=a thick woolen covering used for keeping people warm)

훔쳐보기

* beach	• 해변, 바닷가	* chance	• 가능성
* dear	• 사랑스런, 소중한		• 기회
	• 값비싼		• 우연, 운
* bare	• 벌거벗은, 텅빈	* blanket	• 담요

distant [dístənt] 〔형〕

  ㉠ remote, far, away ㉤ near, close
- 밤에 보이는 별들은 지구로부터 매우 **distant** 한 거리에 있다.(=
  separated; far; not near)
- 나는 귀가 밝아서 **distant** 한 곳으로부터 들려오는 종소리를 들
  을 수 있었다.

bookstore [búkstɔ̀:r] 〔명〕

- 그 분야의 외국서적은 시내 중심가에 있는 대형 **bookstore** 에
  가면 구할 수 있다.(=a shop that sells books)

aloud [əláud] → 〔형〕 loud 〔부〕

- 선생님은 그에게 뒤쪽에 있는 사람도 들을 수 있도록 **aloud** 하
  게 책을 읽으라고 했다.(=in a normal speaking voice that other
  people can hear; in a loud voice)

direct [dirékt, dai-] → 〔명〕 direction 〔동〕〔동〕〔동〕〔형〕〔형〕

- "가장 가까운 지하철역으로 가는 길을 **direct** 해 주시겠습니까?"
  (=tell someone the way to a place)
- 사령관은 군인들에게 적군을 향하여 공격하라고 **direct** 했다.(=
  command; order)
- 그 영화는 스필버그가 **direct** 한 첫 번째 작품이다.(=manage; be
  in charge of)
- 이것이 시내로 들어가는 길 중에서 가장 **direct** 한 길이다.(=
  straight; by the shortest way)
- 그는 그 회사의 간부와 만나지 않고 사장과 **direct** 한 접촉을 했
  다.(=not through some other person or thing; immediate)

business [bíznis] 〔명〕

- 그는 미국에 관광하러 간 것이 아니라 **business** 때문에 간 것이

훔쳐보기

* distant	• 먼, 멀리 떨어진	• 명령하다, 지시하다
* bookstore	• 서점	• 감독하다
* aloud	• 소리내서, 큰 소리로	• 똑바른, 곧은, 거리가 짧은
* direct	• 가르쳐주다, 안내하다	• 직접적인

다.(=the work that companies do when they buy and sell goods and services)

apart [əpáːrt]

- 지방에서 살던 그가 서울에 있는 대학교에 진학하는 바람에 그의 부모와 **apart** 해서 살게 되었다.(=away from each other in time or position)
- 남편과 아내는 심하게 다투어서, 약 한 달 동안 서로 **apart** 해서 살았다.

dive [daiv] 통

- 다이빙 선수는 점프한 후 한바퀴 돌고나서 수영장 안으로 **dive** 했다.(=jump into water; go under the surface of the water)
- 해녀들은 바다 속에 있는 해산물을 따러 바다 안으로 **dive** 했다.

captain [kǽptin] 명

- 그 배의 **captain** 은 선원들에게 배를 포기하고 구명보트를 타라고 명령했다.(=The leader of a group; chief; the person in command of a ship)

slip [slip] → 명 slip 통

- 할머니는 빙판 위에서 **slip** 하는 바람에 다리를 다쳤다.(=slide and fall; slide)

idle [áidl] → 통 idle 형 형

- 반 busy, active
- 공장이 문을 닫는 바람에 수백 명의 근로자들이 **idle** 한 상태가 되었다.(=not working or being used; not busy)
- **idle** 한 학생은 숙제를 정해진 시간 내에 좀처럼 하지 않는다.(= lazy)

훔쳐보기

* business	• 사업, 일	* captain	• 선장, 우두머리
* apart	• 떨어져서, 헤어져서	* slip	• 미끄러져 넘어지다
* dive	• 물 속으로 뛰어들다, 잠수하다	* idle	• 일하지 않는, 놀고 있는
			• 게으른

- 이젠 일어나거라. 이 **lazy** 한 녀석아 ! 점심시간이 다 됐어.

kid [kid]　　　　　　　　　　　　　　　　　　　　　　　명
- 그 젊은 부부는 5살 먹은 **kid** 가 있다.(=a child)
- 그는 주말에 아내와 **kid** 들을 데리고 공원에 갔다.

lesson [lésn]　　　　　　　　　　　　　　　　　　　명 명
- 그녀는 유명한 피아니스트로부터 매일 1시간씩 피아노 **lesson** 을 받고 있다.(=something to be learned; a period of instruction)
- 그는 이번 자동차 사고에서 항상 조심해서 운전해야 한다는 **lesson** 을 얻었다.(=a useful piece of wisdom learned through experience)

apartment [əpá:rtmənt]　　　　　　　　　　　　　　　명
- 주거 형태를 보면 단독주택, 건물에 함께 모여 사는 **apartment** 등이 있다.

bark [bɑ:rk]　　　　　　　　　　　　　　　　　　　　통
- 우리 집 강아지는 낯선 사람이 집 앞에 있으면 언제나 **bark** 하기 때문에 집 앞에 누군가가 있다는 것을 알 수 있다.(=make a the short, sharp cry of a dog)

belong [bilɔ́(:)ŋ, -láŋ]　　　　　　　　　　　　　　　통
- 자신에게 **belong to** 한 물건이 아니면 만지지 말아라. 남의 물건을 훔친다고 오해받을 수 있다.(=be owned by)

flow [flou]　→ 명 flow　　　　　　　　　　　　　　　통
　ⓨ stream
- 강물이 바다로 **flow** 하고 있다.(=move like a liquid; stream)
- 그의 상처에서 피가 계속 **flow** 하고 있다.

훔쳐보기

*kid	• 아이, 어린이	*bark	• 짖다
*lesson	• 수업, 수업시간	*belong	• 소유이다, -에 속하다
	• 교훈	*flow	• 흐르다, 흘러 넘치다
*apartment	• 아파트		

- 화산에서 뿜어져 나온 용암이 산허리 쪽으로 **_flow_** 하고 있다.

fog [fɔ(:)g, fɑg] 명 동

- 공항의 짙은 **_fog_** 때문에 비행기의 이착륙이 금지되었다.(=a heavy gray vapor near the ground)
- 추운 겨울에 밖에서 따뜻한 실내로 들어오면 안경이 **_fogged_** 된 다.(=cover or become covered with a gray vapor)

custom [kʌ́stəm] → 명 customer 명 명

- 사람을 만날 때 악수하는 것은 오래 전부터 내려온 **_custom_** 이 다.(=something that the members of a group usually do)
- 동양의 몇몇 나라에서는 집안에 들어갈 때 신발을 벗는 것이 그 나라의 **_custom_** 이다.
- 그는 식사 후에 항상 커피를 마시는 것이 그의 **_custom_** 이다.(= something that a person regularly does; habit)

cause [kɔːz] 명 명 동

반 result, effect

- 경찰은 화재의 **_cause_** 가 무엇인지 정확히 알지 못했다.(=a person or thing that brings about a result)
- 범죄가 발생하는 주된 **_cause_** 는 가난과 실업이다.
- 그것은 네가 잘못해서 발생한 것이므로 너는 불평할 **_cause_** 가 없다.(=a reason for an action)
- 얘기를 듣고 보니 그가 화를 낼 만한 충분한 **_cause_** 가 있다고 생 각한다.
- 청소년들이 밤늦게까지 집에 들어오지 않는 것은 부모에게 많은 걱정을 **_cause_** 했다.(=make happen; bring about)
- 도로 위의 얼음이 자동차 사고를 **_cause_** 했다.

훔쳐보기

* fog	• 안개	* cause	• 원인
	• 흐리게 하다		• 이유
* custom	• 관습, 관례		• 일으키다
	• 습관		

freeze [friːz] 동 동
- 물은 섭씨 0도 이하에서 **freeze** 된다.(=make or become solid because of cold)
- 이 방은 **freeze** 해서 난방을 하지 않으면 견딜 수가 없다.(=make or become very cold)

certain [sə́ːrtən] 형
  ㉤ sure
- 그는 공부를 열심히 했기 때문에 시험에서 좋은 점수를 얻을 것이 **certain** 하다.(=sure; definite; without doubt)
- 그가 몇 시에 올지는 모르지만, 이곳에 오는 것은 **certain** 하다.

ghost [goust] 명
- 밤에 **ghost** 가 공동묘지에 가끔 나타난다고 한다.(=the spirit of a dead person)
- 그는 최근에 죽은 친구의 **ghost** 를 보았다.

claw [klɔː] → 동 claw 명
- 고양이의 **claw** 에 긁혀서 팔에 상처가 났다.(=a shark, hooked nail on the foot of a bird or animal)
- 독수리는 들판에 나와 있는 쥐 한 마리를 **claw** 로 낚아챘다.

agree [əgríː] → 형 agreeable 명 agreement 동
- 그녀가 일요일에 교외로 놀러가자는 제안을 했을 때, 우리들은 모두 **agree** 했다.(=have the same opinion; consent to)

cloudy [kláudi] 형
- 하늘을 보니 **cloudy** 하다. 비가 올 것 같지는 않지만 햇빛을 보기는 어려울 것 같다.(=full of clouds)

훔쳐보기

* freeze	• 얼다, 얼리다	* claw	• 발톱
	• 춥게 하다, 추워지다	* agree	• 동의하다, 찬성하다
* certain	• 확실한, 틀림없는	* cloudy	• 구름이 많은, 흐린
* ghost	• 유령, 허깨비		

퍼즐게임

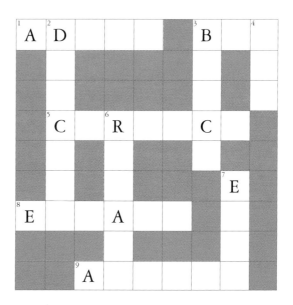

Across(가로 열쇠)

1. 성인(a person who is fully grown or of responsible age according to law)
3. 나쁜, 좋지 않은(not good; unpleasant)
5. 정확한(right; accurate)
   올바른, 알맞은(agreeing with what is thought to be proper)
8. 탈출하다(get free; run away from)
   피하다, 빠져나오다(keep from getting hurt or killed)
9. 체포하다(seize a person by legal authority)

Down(세로 열쇠)

2. 의논하다, 토론하다(talk about)
3. 구획(the distance of one side of this square)
   막다, 방해하다(stop movement or progress)
4. 죽다(stop living; become dead)
6. 고치다, 수리하다(fix; mend)
7. 출구(a way out)

잠깐 쉬어가기

동물 이름

dog
(개)

cat
(고양이)

horse
(말)

rabbit
(토끼)

hen
(암탉)

rooster
(수탉)

cow
(소)

sheep
(양)

goat
(염소)

mouse
(쥐)

bee
(벌)

owl
(부엉이)

deer
(사슴)

fox
(여우)

snake
(뱀)

salmon
(연어)

duck
(오리)

frog
(개구리)

goal [goul] 명 명

- 그가 어렸을 때, 그의 **goal** 은 판사가 되는 것이었다.(=aim; purpose)
- 그 회사는 올해 초에 계획했던 모든 **goal** 을 달성했다.
- 그 축구선수는 오늘 게임에서 3 **goal** 을 넣어 해트트릭을 기록했다.(=a score in soccer or hockey)

college [kάlidʒ / kɔ́l-] 명

- 그녀는 고등학교를 졸업하고 **college** 에 진학해서 경제학을 공부하고 있다.(=a school attended after high school)

government [gʌ́vərnmənt] → 동 govern 명 명

- 입법부, 행정부, 사법부의 세 기관을 포함한, 한 나라의 통치 기구의 총칭을 **government** 라고 한다.(=the system or form of rule by which a country, city, etc. is governed)
- **government** 는 국가 재정을 꾸려 나가기 위해 국민들로부터 세금을 거두어들인다.(=the people who rule)

control [kəntróul] → 명 control 동

- 어떤 일이 발생하더라도 자신의 감정을 **control** 해야 한다.(= manage; direct; have power or authority over someone or something)
- 그 선생님은 경험이 풍부하기 때문에 학생들을 잘 **control** 하고 있다.
- 오른쪽 두 개의 버튼으로 방안의 온도를 **control** 한다.

greet [griːt] → 명 greeting 동

- 고향으로 돌아오는 올림픽 금메달리스트를 **greet** 하기 위해 마을에서는 기차역으로 밴드를 보냈다.(=meet and speak to in a polite and friendly way; welcome)
- 그는 그의 집을 방문한 손님들을 현관에서 반갑게 **greet** 했다.

훔쳐보기

* goal	• 목표, 목적		• 정부, 정부당국
	• 골, 득점	* control	• 조정하다, 관리하다,
* college	• 대학		제어하다
* government	• 통치 행위, 통치 조직	* greet	• 환영하다, 맞이하다

copy [kápi / kɔ́pi] 명 동 동

반 original

- 복사기를 이용하여 보고서의 *copy* 2개를 만들었다.(=an imitation or likeness of an original work)
- 그는 비서에게 이 서류를 3부 *copy* 해달라고 했다.(=make a copy of)
- 그는 유명 연예인의 패션을 그대로 *copy* 하기를 좋아한다.(= imitate)

growth [grouθ] → 동 grow 명

- 우리 경제의 급속한 *growth* 는 모두가 열심히 일한 덕택이다.(= the process of growing; development)
- 이 지역에서는 햇빛이 잘 들지 않아서 나무의 *growth* 는 느린 편이다.

hang [hæŋ] 동 동

- 그녀는 옷걸이에 코트를 *hang* 했다.(=fasten to a nail, hook, rope, etc.)
- 아버지는 유명 화가의 그림을 구입해서 거실의 벽에 *hang* 했다.
- 그는 살인죄로 교수대에서 *hanged* 되었다.(=put or be put to death by swinging from a rope around the neck)

magic [mǽdʒik] 명

- 그는 상자 속의 비둘기를 없어지게 하는 *magic* 을 보여주었다.(=the art of performing tricks that deceive the eye)

famous [féiməs] → 명 fame 형

반 unknown

- 프랑스는 포도주로 *famous* 한 국가이다.(=very well-known)
- 그녀는 유치원에 다니는 아이들도 그녀를 알 정도로 *famous* 한

훔쳐보기

* copy	• 사본, 복사물	* hang	• 매달다, 걸다
	• 복사하다		• 교수형시키다(되다)
	• 모방하다	* magic	• 마술, 요술
* growth	• 발전, 성장	* famous	• 유명한, 잘 알려진

가수다.

line [lain]   명
- 그는 30cm 자를 대고 두 점 사이를 연결하는 **line** 을 그었다.(=a long thin mark on the surface of something)

weight [weit] → 동 weigh   명
- 저울에 달아보니 가방의 **weight** 은 2kg이다.(=the heaviness of someone or something)
- 소포의 비용은 소포의 **weight** 에 따라 달라진다. 즉, **weight** 이 무거울수록 가격이 올라간다.

fence [fens]   명
- 야구장의 **fence** 에 보호시설을 하지 않아서 외야수들이 수비를 하다가 부상을 당하는 경우가 있다.(=a structure set up to prevent entry into an area or to mark it off)

total [tóutl] → 명 total   형
- 이번 홍수로 사망한 사람의 **total** 숫자는 12명이다.(=counting everything; entire)
- 우리가 먹은 음식값의 **total** 금액은 120달러다.

wing [wiŋ]   명
- 그 새는 사냥꾼의 총에 맞아 한 쪽 **wing** 이 부러져, 영영 날지 못할 것 같다.(=one of the two parts that a bird, insect, etc uses for flying)

zoo [zu:]   명
- 그는 주말에 아이들을 데리고 **zoo** 에 가서 동물들을 구경했다.(=a park where many kinds of living animals are kept so that people can look at them)

vase [veis, veiz, vɑːz]   명

- 꽃집에서 장미 몇 송이를 사다가 탁자 위에 있는 ***vase*** 에 꽂아 넣었다.(＝a container usually used to hold flowers)

taste [teist] → 동 taste   명

- 그 우유를 먹어보니 이상한 ***taste*** 를 느꼈다. 우유가 상한 것 같다.(＝the feeling that something produces in your mouth when you eat it or drink it)
- 그 음식을 먹어보니 약간 짠 ***taste*** 가 느껴졌다.

tail [teil]   명

- 주인이 집으로 돌아오자 강아지는 ***tail*** 을 흔들며 반갑게 맞이했다.(＝the long thin part at the end of the body of an animal, bird, fish, etc)

finish [fíniʃ]   동

반 begin, start

- 그는 숙제의 양이 많아서 밤 12시가 되어서야 숙제를 ***finish*** 했다.(＝come to an end; complete)
- 담당자는 금요일까지는 공사를 ***finish*** 할 수 있을 것이라고 말했다.

pond [pɑnd / pɔnd]   명

- 공원의 ***pond*** 에는 여러 종류의 물고기가 있는데, 이 ***pond*** 안에 있는 물고기를 잡는 것은 허용되지 않는다.(＝a body of water smaller than a lake)

sign [sain]   명 명 동

- 앞에 있는 ***sign*** 을 보니 '주차 금지' 라고 써 있었다.(＝a card, board or space on which directions, warnings, etc. are written or printed)

훔쳐보기

* vase	• 꽃병	* finish	• 끝내다, 마치다
* taste	• 맛, 미각	* pond	• 연못
* tail	• 꼬리	* sign	• 표지(판), 간판

- 도로에 있는 ***sign*** 을 보니 이 도로의 최고 속도는 시속 60km다.
- 선생님은 '조용히 하라' 는 ***sign*** 으로 자신의 손가락을 입술에 갖다 대었다.(=a movement that you make in order to tell someone something)
- 그녀는 인사의 ***sign*** 으로 손을 흔들었다.
- 그는 계약서를 다시 한 번 훑어본 후에 이상이 없음을 확인하고 계약서에 ***sign*** 했다.(=write one's name)

meat [miːt]　　　　　　　　　　　　　　　　　　　　명

- 그녀는 채식주의자이기 때문에 ***meat*** 을 먹지 않는다.(=the flesh of animals or birds that people eat)

form [fɔːrm]　　　　　　　　　　　　　　　　　　 명 명

- 얼음과 눈은 물의 또다른 ***form*** 이다.(=a kind; sort)
- 그는 어떤 ***form*** 의 고기도 먹지 않는다.
- 사람처럼 보이는 ***form*** 이 창가에 나타났다.(=shape; figure)
- 붕어빵은 물고기 ***form*** 의 과자다.

remember [rimémbər] → 명 remembrance　　　　　　　동
　　반 forget

- 내가 열쇠를 어디에 두었는지 ***remember*** 할 수 없었다.(=bring back to the mind; keep in the memory)
- 그는 술을 너무 많이 먹어서 어제 자신이 한 일을 ***remember*** 하지 못했다.

shake [ʃeik]　　　　　　　　　　　　　　　　　　　　동

- 병을 ***shake*** 해서 병 안에 든 내용물이 잘 섞이게 했다.(=(cause to) move back and forth or up and down in short, quick movements)
- 두려움 때문에 손이 ***shake*** 해서, 글씨를 제대로 쓸 수 없었다.

훔쳐보기

	•신호, 몸짓, 표시		•모습, 형상
	•서명하다	* remember	•기억하다, 생각나다
* meat	•고기	* shake	•흔들다, 떨다
* form	•종류, 형식		

nurse [nəːrs]   명
  • 의사의 지시를 받으며 병원에서 환자들을 돌보는 일을 하는 사
    람을 **nurse** 라고 한다.(=a person trained to care for the sick and the
    injured)

bright [brait]   형
  • 남쪽으로 향한 방은 **bright** 하고 공기가 잘 통해서 매우 쾌적하
    다.(=having a lot of light)

win [win]   동
  반 lose
  • 우리 팀은 올해에 한 번도 패한 적이 없기 때문에 이번 시합도
    win 할 것이 확실하다.(=gain a victory; defeat others in a contest)
  • 우리 배구 팀은 1, 2 세트에서 졌지만 나머지 3, 4, 5세트에서
    win 했다.

shout [ʃaut] → 명 shout   동
  • 작게 말해도 너의 목소리가 들린다. 그렇게 **shout** 할 필요가 없
    다.(=speak or call very loudly)
  • 무인도에 고립된 그는 지나가는 배를 보고 도와달라고 **shout** 했
    다.

reach [riːtʃ] → 명 reach   동 동
  • 그 배는 목적지에 무사히 **reach** 했다.(=arrive at; come to)
  • 그녀가 의자에 올라서면 천장까지 **reach** 할 수 있다.(=touch,
    strike or grasp with the hand)
  • 그는 키가 커서 책장의 윗칸에도 **reach** 할 수 있다.

smell [smel] → 동 smell   명
  • 무언가 타는 것 같은 **smell** 이 난다. 확인해 봐라.(=something

훔쳐보기

* nurse	• 간호원	* reach	• 도착하다, 이르다
* bright	• 밝은, 빛나는		• 손에 닿다, 잡다
* win	• 승리하다, 이기다	* smell	• 냄새, 후각
* shout	• 고함치다, 큰 소리로 말하다		

sensed by the nose)

- 이 방에서 고약한 *smell* 이 난다. 창문을 열어서 환기를 시켜야 겠다.
- 부엌에서 나는 향긋한 *smell* 이 나의 식욕을 자극시켰다.

board [bɔːrd] 명 동

- 마루 바닥 재료로 어떤 종류의 *board* 를 사용하시겠습니까?(=a long, wide piece of wood, cut thin)
- 적어도 2시까지는 배에 *board* 해야 한다. 그렇지 않으면 배를 놓친다.(=get on a plane, ship, bus, etc.)

pocket [pákit / pɔ́k-] 명

- 그는 걸을 때 항상 바지 *pocket* 속에 손을 넣고 다닌다.(=a small, open bag sewed into a garment for carrying small articles, money, etc.)

soccer [sákər / sɔ́k-] 명

- 11명이 한 팀이 되어 손을 사용하지 않고 발로 상대방의 골 안에 공을 집어넣는 경기를 *soccer* 라 한다.
- 세계에서 가장 인기 있는 스포츠는 *soccer* 다.

hold [hould] 동

- 그는 입술로 볼펜을 *hold* 한 채로 무언가 생각하고 있었다.(= grasp and keep in the hands or arms)
- 그 여성은 팔에 아기를 *hold* 하고 있었다.

moment [móumənt] 명 명

- 밖에 나가려고 하는, 바로 그 *moment* 에 전화벨이 울렸다.(=a particular point in time)
- 지금이 바로 적을 공격할 *moment* 다.(=right time for an action)

훔쳐보기

* board	• 판자	* hold	• 잡고 있다
	• 타다, 탑승하다	* moment	• (특정한) 때, 순간
* pocket	• 주머니		• 적당한 시기, 기회
* soccer	• 축구		

list [list]　　　　　　　　　　　　　　　　　　　　　　　　명

- 아내가 작성한 쇼핑 **list** 를 보니 계란이 빠져 있었다.(=a series of separate items, names, etc. written in order)

part [pɑːrt]　　　　　　　　　　　　　　　　　　　　　　　명

- 어머니는 케익을 먹기 좋게 여섯 **part** 로 잘랐다.(=one of the pieces, areas, periods, divisions, etc of something)
- 이 종이의 위 **part** 는 네가 보관하고 아래 **part** 는 수수료와 함께 은행에 제출해라.

enter [éntər] → 명 entrance　　　　　　　　　　　　　　　동

- 그녀가 집안으로 **enter** 했을 때, 집안이 엉망이 된 것을 발견했다. 아마도 도둑이 왔다간 것 같았다.(=come or go into)

stand [stænd]　　　　　　　　　　　　　　　　　　　　　　동

- 버스에 자리가 없어서 **stand** 한 채로 가야만 했다.(=be on your feet; be upright)

even [íːvən]　　　　　　　　　　　　　　　　　　　　　형 형

- 탁자의 한 쪽 다리가 약간 짧기 때문에 탁자가 **even** 하지 않다.(=level; at the same height)
- 첫세트는 내가 이겼고, 두 번째 세트는 그가 이겨서 우리는 **even** 이다.(=equal in size or amount; having the same score)
- 아이들이 싸우지 않도록 케익을 **even** 한 4조각으로 나누었다.

ticket [tíkit]　　　　　　　　　　　　　　　　　　　　　　명

- 인기 있는 영화는 당일날 **ticket** 을 구할 수 없다. 며칠 전에 예매를 해야 한다.(=a piece of paper or card that shows you have paid for a journey, or to enter a place of entertainment, etc)

훔쳐보기

* list	• 목록	* even	• 평평한, 수평의
* part	• 부분, 조각		• 같은, 동등한, 비긴
* enter	• 들어가다	* ticket	• 표, 입장권
* stand	• 서다, 일어서다		

stone [stoun]　　　　　　　　　　　　　　　　　　　　　　명

- 소년은 강가에 있는 조그만 **stone** 을 집어들어서 강물에 던졌다.(=a hard solid substance that is found in the ground; a small piece of rock)
- 갑자기 밖에서 날아온 **stone** 때문에 유리창이 깨지고 말았다.

welcome [wélkəm] → 형 welcome 명 welcome　　　　　　동

- 시민들은 올림픽에서 좋은 성적을 거두고 귀국하는 선수단을 공항에서 **welcome** 했다.(=receive or greet with pleasure)

hunt [hʌnt] → 명 hunt　　　　　　　　　　　　　　　　동

- 아직도 많은 밀렵꾼들이 야생동물을 **hunt** 하고 있다.(=search for wild animals or birds to catch or kill animals)
- 그들은 공기총을 가지고 개들과 함께 사슴을 **hunt** 했다.

follow [fálou / fɔ́lou]　　　　　　　　　　　　　　　　동

반 lead

- 네가 앞장서서 우리를 안내하면, 우리는 너를 **follow** 하겠다.(= come or go after)
- 강아지는 주인의 뒤를 **follow** 했다.

host [houst]　　　　　　　　　　　　　　　　　　　　명

반 hostess

- 그의 생일날, 그는 **host** 로서 손님들을 접대했다.(=a man who receives guests in his or her home)

seat [siːt] → 동 seat　　　　　　　　　　　　　　　　명

- 자동차 뒤쪽의 **seat** 은 최대 3명이 앉을 수 있다.(=a thing to sit on, such as a chair, bench, etc.)
- 표를 구입해서 고속버스에 올라보니 우리의 **seat** 은 운전석 바로 뒤였다.

훔쳐보기

* stone	• 돌, 돌멩이	* follow	• 뒤따르다
* welcome	• 환영하다, 기쁘게 맞이하다	* host	• 주인
* hunt	• 사냥하다, 추적하다	* seat	• 좌석

hungry [hʌ́ŋgri] → 명 hunger   형

- 너희들 **hungry** 한 것 같구나. 내가 식사를 준비할테니 조금만 기다려라.(=wanting to eat; needing food)
- 그는 매우 **hungry** 해서, 음식이 나오자마자 순식간에 먹어 치웠다.

foreign [fɔ́(:)rin, fɑ́r-]   형

- 어떤 **foreign** 기업이 국내의 한 기업을 인수했다.(=not from your own country or connected with your own country)

parade [pəréid] → 동 parade   명

- 국군의 날에 거리에서 군인들이 **parade** 를 하고 있다.(=a march or procession)

marry [mǽri] → 명 marriage   동

- 두 사람은 양쪽 부모의 반대를 무릅쓰고 **marry** 했지만, 지금은 행복하게 잘 살고 있다.(=officially become husband and wife)
- 그녀는 한 달 후에 사랑하는 사람과 **marry** 할 예정이다.

foolish [fúːliʃ] → 명 fool   형

- 네가 그런 사기꾼에게 돈을 빌려준 것은 정말 **foolish** 한 행동이었다.(=silly; stupid; not sensible)

memory [méməri] → 동 memorize   명

- 그는 뛰어난 **memory** 를 갖고 있다. 한 번 들은 이름이나 전화번호는 결코 잊어버리지 않는다.(=the ability to remember; the power to keep in the mind)

quick [kwik]   형

   반 slow

훔쳐보기

* hungry	• 배고픈	* foolish	• 어리석은, 분별없는
* foreign	• 외국의	* memory	• 기억, 기억력
* parade	• 행진, 퍼레이드	* quick	• 빠른, 신속한
* marry	• 결혼하다		

- 퀴즈 프로그램은 시간이 한정되어 있기 때문에 여기에 참가하는 사람은 질문에 대해 **quick** 한 대답을 하는 것이 유리하다.(= prompt in action; rapid; fast)

handsome [hǽnsəm]   형
- 그는 외모가 **handsome** 해서 그를 좋아하는 여성들이 많다.(= good-looking; attractive)

nail [neil] → 동 nail   명
- 그림을 걸기 위해 벽에다 망치로 **nail** 을 박았다.(=a small thin piece of metal with a point at one end)

cane [kein]   명
- 할아버지는 다리가 불편해서 걸을 때는 **cane** 을 짚고 다닌다.(=a stick used as an aid in walking)

gun [gʌn]   명
- 강도는 **gun** 으로 은행직원들을 위협해서 돈을 훔쳐갔다.(=a weapon that is used for shooting)

sail [seil] → 명 sail   동
- 우리는 배를 타고 해안선을 따라 **sail** 했다.(=travel by boat or ship)
- 나는 베란다에 서서 배들이 바다 위를 **sail** 하는 모습을 지켜보았다.

heart [hɑːrt]   명 명
- 네가 운동을 하거나, 두려움을 느끼면 **heart** 의 박동수가 증가한다.(=an organ that pumps blood through all parts of the body)
- 그녀는 상냥한 **heart** 을 갖고 있다.(=the center of a person's feelings)

훔쳐보기

* handsome	• 잘생긴	* sail	• 항해하다
* nail	• 못	* heart	• 심장
* cane	• 지팡이		• 마음
* gun	• 총, 권총		

humor [*hjú*:mər] → 휑 humorous   명
• 그의 **humor** 는 정말 썰렁했다.

sale [seil]   명
• 미성년자에게 술을 **sale** 하는 것은 불법이다.(=the act of selling)

fact [fækt]   명
• 그 용의자는 잘못을 뉘우치고, 범죄와 관련된 모든 **fact** 를 경찰에게 얘기해 주었다.(=a thing known to be true or to have really happened)

roof [ru:f, ruf]   명
• 천장에서 물이 떨어지는 것을 보니 **roof** 이 새는 것 같다.(=the outside top covering of a building)

serve [sə:*rv*] → 명 service, servant   동 동
• 그녀는 집에 놀러온 손님들에게 커피를 **serve** 했다.(=give food or drink to)
• 그는 전쟁 중에 군인으로서 조국에 **serve** 했다.(=work for; be a servant to)

laugh [læf, lɑːf] → 명 laughter   동 동
• 그의 재미있는 농담에 우리들은 크게 **laugh** 했다.(=make sounds that show one is merry, amused or happy)
• 그가 어떤 제안을 했을 때, 사람들은 말도 안되는 제안이라면서 그를 **laugh at** 했다.(=show that you think someone is ridiculous)

market [mɑ́:rkit]   명
• 사람들은 여러 상점들이 모여 있는 **market** 에서 곡식, 야채, 과

훔쳐보기

* humor	• 유머, 농담		• 위해 일하다, 봉사하다
* sale	• 판매	* laugh	• 웃다
* fact	• 사실, 진상		• 비웃다
* roof	• 지붕	* market	• 시장, 장
* serve	• (음식을) 대접하다		

일, 생선 등을 구입한다.(=a place where people go to buy and sell things)

shut [ʃʌt]　　　　　　　　　　　　　　　　　　　　　　동

　반 open
- 날씨가 춥다. 찬바람이 들어오지 않도록 창문을 ***shut*** 해라.(= move into a closed position)

sick [sik] → 명 sickness　　　　　　　　　　　　　　형

　유 ill
- 얼마 전에 그녀는 ***sick*** 해서 약을 먹고 이틀동안 침대에 누워 있었다.(=ill; suffering from disease)
- 강아지가 ***sick*** 한 것 같다. 어제부터 아무 것도 먹지 않는다.

forest [fɔ́(:)rist, fár-]　　　　　　　　　　　　　　　　명
- 스칸디나비아의 많은 부분이 빽빽한 ***forest*** 로 덮여 있다.(=a large area of land that is thickly covered with trees)

shock [ʃɑk / ʃɔk] → 동 shock　　　　　　　　　　　　명
- 그의 갑작스런 죽음은 우리에게 커다란 ***shock*** 이었다.(= something very bad or unpleasant that happens to you and that you did not expect)

power [páuər]　　　　　　　　　　　　　　　　　　　명
- 그는 겉보기와는 달리 ***power*** 가 부족한 것 같다. 별로 무겁지 않은 것도 들지 못한다.(=force; energy in use)

record [rékərd / -kɔ́:rd] → 명 record　　　　　　　　동
- 그는 하루에 일어났던 일들을 일기장에 ***record*** 하는 습관을 갖고 있다.(=write down for future use)

훔 쳐 보 기

* shut	• 닫다	* shock	• 충격
* sick	• 아픈, 병든	* power	• 힘, 체력
* forest	• 숲	* record	• 기록하다, 적어두다

simple [símpəl]　〔형〕

(반) difficult

- 그 사전은 **simple** 한 단어들을 사용했기 때문에 초보자도 볼 수 있다.(=easy to understand; not difficult)

real [ríːəl, ríəl]　〔형〕

(반) false

- 그가 경찰에게 얘기한 이름은 가짜다. 그의 **real** 이름은 '김××' 로 밝혀졌다.(=true; actual)
- 그녀는 버스를 놓쳐서 늦었다고 하지만, 그녀가 늦은 **real** 한 이유는 늦잠을 잤기 때문이다.

sense [sens] → 〔명〕 sensation　〔명〕〔명〕

- 인간의 5가지 **sense** 는 시각, 청각, 후각, 미각, 촉각을 말한다.(= any of the powers by which one sees, hears, tastes, smells or feels)
- 그는 뛰어난 유머(humor) **sense** 를 갖고 있기 때문에 나는 그를 좋아한다.(=ability to feel or appreciate)

junior [dʒúːnjər] → 〔명〕 junior　〔형〕

- 그가 겉으로 보면 나보다 나이가 많은 것 같지만, 실제로는 나보다 **junior** 하다.(=of or concerning the younger of two)

sink [siŋk]　〔동〕

- 배가 암초에 부딪혀서 바다 속으로 **sink** 했지만, 승무원들은 구명 보트로 모두 구출되었다.(=go down into water)
- 고무는 물에 뜨지만, 돌은 **sink** 한다.

send [send]　〔동〕〔동〕

- 그녀는 멀리 떨어져 있는 친구들에게 크리스마스 카드를 **send** 했다.(=transmit by mail)

훔쳐보기

* simple	• 쉬운	* junior	• 나이가 어린, 손 아래의
* real	• 실제의, 진짜의	* sink	• 가라앉다
* sense	• 감각	* send	• 보내다, 부치다
	• 감각, 의식		• 보내다

- 그의 부모는 그를 워싱턴에 있는 학교에 ***send*** 했다.(=cause to go; permit to go)

heaven [hévən]   명

반 hell

- 나쁜 짓을 한 사람은 지옥에 가고, 착한 일을 한 사람은 ***heaven*** 에 간다는 얘기가 있다.(=the place where it is believed that God and the angels live and good people go when they die)

evil [íːvəl] → 명 evil   형

반 virtuous

- 그녀는 드라마에서 ***evil*** 한 역할을 맡았기 때문에 일부 시청자들 로부터 미움을 받았다.(=very bad)

funny [fʌ́ni]   형

- 어제 친구로부터 아주 ***funny*** 한 이야기를 들었다. 너희들도 이 이야기를 들으면 뒤로 넘어질 것이다.(=amusing; causing laughter)

soap [soup]   명

- 흔히 손을 씻을 때 ***soap*** 을 손에 묻혀서 씻는다.(=a substance for washing and cleaning)

movie [múːvi]   명

유 film

- ***movie*** 를 보러 극장에 갔다.(=a motion picture)

saw [sɔː] → 통 saw   명

- 나무를 자르는 데 흔히 사용되는 도구는 ***saw*** 다.(=a tool that is used for cutting wood, etc.)

훔쳐보기

* heaven	• 천국	* soap	• 비누
* evil	• 악한, 매우 나쁜	* movie	• 영화
* funny	• 재미있는, 우스운	* saw	• 톱

hurry [hə́:ri, hʌ́ri]　　　　　　　　　　　　　　　　　　동
- 우리는 제 시간에 충분히 도착할 수 있다. 그렇게 ***hurry*** 할 필요 없다.(=move or act quickly or rapidly)

last [læst, lɑ:st]　　　　　　　　　　　　　　　　　형 동
　동 final　반 first
- 1년의 가장 ***last*** 달은 12월이다.(=coming at the end; final)
- 구름 한 점 없는 맑은 날씨가 주말까지 ***last*** 되었다.(=continue; go on)

lonely [lóunli]　　　　　　　　　　　　　　　　　　　형
- 그는 혼자 외국에서 생활할 때 ***lonely*** 한 감정을 느꼈다.(= unhappy because you are alone or you have no friends)

soldier [sóuldʒər]　　　　　　　　　　　　　　　　　명
- 어제 밤에 두 명의 ***soldier*** 가 수류탄과 기관총을 휴대하고 부대를 이탈했다.(=a member of an army, especially someone who is not an officer)

hole [houl]　　　　　　　　　　　　　　　　　　　　명
- 양말을 오래 신었더니 양말에 ***hole*** 이 생겼다. 엄지발가락이 보인다.(=an empty space in something solid)

understand [ʌ̀ndərstǽnd]　　　　　　　　　　　　　　동
- 나는 그가 말한 것을 ***understand*** 할 수 없어서, 나는 그에게 자세하게 다시 설명해달라고 했다.(=know what is meant; get the meaning of)

machine [məʃí:n]　　　　　　　　　　　　　　　　　　명
- 과거에는 우체국 직원이 손으로 직접 우편물을 분류했지만, 지금

훔쳐보기

* hurry	• 서두르다, 재촉하다	* soldier	• 군인, 병사
* last	• 마지막의, 맨 뒤의	* hole	• 구멍
	• 계속되다	* understand	• 이해하다
* lonely	• 외로운, 고독한	* machine	• 기계, 장비

은 **machine** 이 그 일을 대신하고 있다(=a device with moving parts used to do work)

space [speis] 명

- 주차할 때에는 차와 차 사이에 어느 정도 **space** 가 있어야 한다. 그렇지 않으면 차가 빠져나올 수가 없다.(=an area that is empty or not used)

wake [weik] 동

- 낮잠을 자고 있었는데, 아이들의 고함소리 때문에 **wake** 했다.(= stop sleeping)
- 알람시계의 요란한 소리가 나를 **wake** 했다.

lead [liːd] → 명 leader 동
반 follow

- 그 소년은 장님인 아버지를 **lead** 하여 계단을 올라갔다.(=guide; show the way)
- 네가 **lead** 하면 우리가 뒤를 따르겠다.

question [kwéstʃən] 명
반 answer

- 선생님은 나의 **question** 에 대한 답을 자세하게 얘기해 주었다.(=a sentence or phrase that asks for an answer)
- 시험지를 받아보니 15개의 **question** 이 있었는데, 모두 객관식이었다.

health [helθ] 명

- 세상에서 가장 중요한 것은 돈이 아니라 **health** 라고 생각한다. 튼튼한 몸이 없다면 아무 것도 할 수 없기 때문이다.(=the condition of being free from sickness)

훔쳐보기

* space	• 공간, 장소, 자리	* question	• 질문, 물음
* wake	• 깨다, 깨우다	* health	• 건강
* lead	• 이끌다, 인도하다		

station [stéiʃən]   명
- 서둘러서 **station** 으로 달려갔지만, 열차는 떠나고 말았다.(=a place for passengers to get on or get off along a train or bus route)

usual [júːʒuəl, -ʒwəl]   형
- 그녀는 회사에서 많은 일을 하느라 **usual** 한 때보다 늦게 집에 들어갔다.(=happening or used most often)

kitchen [kítʃən]   명
- 그녀는 **kitchen** 에서 아이들을 위해 요리를 만들고 있다.(=a room where food is prepared)

leaf [liːf] → pl. leaves   명
- 가을이 되면 **leaf** 이 하나둘씩 땅으로 떨어진다.(=one of the thin, flat parts of a plant or tree)

kick [kik]   동
- 그는 골대를 향하여 공을 **kick** 했다.(=hit with the foot)

heat [hiːt] → 동 heat   명
- 현대인들은 태양에서 나오는 **heat** 에서 에너지를 이용하고 있다.(=great warmth)

kind [kaind] → 명 kind   형
  반 unkind
- 그 병원은 의사와 간호원들이 환자들에게 **kind** 하게 대해주기 때문에 인기가 좋다.(=gentle; friendly; showing goodness)
- 그녀는 동네 아이들에게 항상 **kind** 하게 해주기 때문에 아이들이 그녀를 좋아한다.

───── 훔쳐보기 ─────

* station	• 역, 정거장	* kick	• 차다, 걷어차다
* usual	• 보통의, 흔히 있는	* heat	• 열
* kitchen	• 부엌, 주방	* kind	• 친절한, 인정있는
* leaf	• 나뭇잎		

report [ripɔ́:rt] → 몡 report   동
- 조간 신문들은 어제 발생한 비행기 추락사고를 1면에 일제히 ***report*** 했다.(=tell as news; make known)

net [net]   명
- 물 속에 ***net*** 을 설치해 놓고, 다음날 강에 가보니 약 20마리의 물고기가 ***net*** 에 걸려 있었다.(=a device used to catch fish, insects, etc.)

roll [roul] → 몡 roll   동
- 공이 언덕 아래로 ***roll*** 하고 있다.(=move or be moved like a ball by turning over and over)
- 산사태가 일어나는 바람에 커다란 바위들이 아래로 ***roll*** 해서 많은 피해가 발생했다.

giant [dʒáiənt]   명
  반 dwarf
- 《걸리버 여행기》에 나오는 '걸리버'는 소인국 사람들과 비교하면 ***giant*** 다.(=a person of human shape but enormous size and strength)

season [sí:zən]   명
- 내가 가장 좋아하는 ***season*** 은 겨울이다.(=one of the four periods into which the year is divided)

guide [gaid] → 동 guide   명
- 우리들은 미국의 관광지를 안내해줄 한국인 ***guide*** 한 명을 소개 받았다.(=a person whose job is to show cities, towns, museums, etc to tourists)

훔쳐보기

* report	• 보도하다, 알리다	* giant	• 거인
* net	• 그물	* season	• 계절, 철
* roll	• 구르다, 회전하다	* guide	• 안내원

strange [streindʒ]   혱
- 그는 너의 옆집에 살고 있는데, 2년동안 그를 한번도 못봤다니 정말 ***strange*** 하다.(=different from what is usual)

island [áilənd]   몡
- 과거에는 그 ***island*** 를 가려면 배를 타야 했다. 지금은 육지와 ***island*** 를 연결하는 다리가 건설되어 자동차로 갈 수 있다.(=a piece of land that is surrounded by water)

sudden [sʌ́dn] → 위 suddenly   혱
- 날씨의 ***sudden*** 한 변화가 일어났다. 조금 전까지 구름 한 점없이 맑았는데 먹구름이 몰려오더니 비가 내리기 시작했다.(= happening quickly and unexpectedly)

language [lǽŋgwidʒ]   몡
- 그녀는 영어, 프랑스어, 일본어 등 3가지 ***language*** 를 할 수 있다.(=the speech of a particular country, nation, group, etc)

meal [miːl]   몡
- 그녀는 우리에게 맛있는 ***meal*** 을 요리해주었다.(=the food that you eat at one time)
- "배가 고프다고? 마지막으로 ***meal*** 을 먹은 때가 언제니?"

law [lɔː]   몡
- 국회는 음주운전에 대한 처벌을 강화하는 ***law*** 를 통과시켰다.(= an official rule that all the citizens of a country must obey)
- 이미 50년 전에 여성의 선거 참여를 허가하는 ***law*** 가 제정되었다.
- ***law*** 를 어기는 사람은 그에 해당하는 벌을 받는다.

훔 쳐 보 기

* strange	• 이상한	* language	• 언어, 국어
* island	• 섬	* meal	• 식사, 음식물
* sudden	• 갑작스런	* law	• 법

honest [ánist / ɔ́n-]　　　　　　　　　　　　　형

　　반 dishonest

- 그는 **honest** 한 사람이다. 그가 사람들을 속였다는 것은 도저히
　 믿을 수가 없다.(=truthful)

comedy [kámədi / kɔ́m-] → 형 comic　　　　명

　　반 tragedy

- 관객들로 하여금 눈물을 흘리게 하는 영화도 있지만, 관객들에게
　 웃음을 주는 **comedy** 도 있다.(=a light and amusing play or movie
　 with a happy ending)

stove [stouv]　　　　　　　　　　　　　　명

- **stove** 위에 올려놓은 주전자 안의 물이 끓기 시작했다.(=a
　 heating or cooking device, usually in the kitchen)

straight [streit]　　　　　　　　　　　　　형

- 두 점을 연결할 때, 자를 사용하지 않으면 **straight** 한 선을 긋기
　 가 힘들다.(=without a bend or curve)

coal [koul]　　　　　　　　　　　　　　　명

- 에너지원으로 가장 많이 쓰이는 원료가 석유와 **coal** 이다.(=a
　 black, hard substance that burns and gives off heat)

brick [brik]　　　　　　　　　　　　　　　명

- 그 집은 나무로 만든 것이 아니라 **brick** 을 쌓아서 만든 집이
　 다.(=a hard block of baked clay that is used for building houses, etc)

final [fáinəl] → 부 finally　　　　　　　　형 명

　　반 first, initial

- Z는 알파벳의 **final** 글자다.(=coming at the end; last)

　　　　　　　　　　　　훔쳐보기

* honest	• 정직한, 믿을만한	* coal	• 석탄
* comedy	• 희극, 코미디	* brick	• 벽돌
* stove	• 스토브, 레인지, 난로	* final	• 마지막의
* straight	• 곧은, 똑바른		• 결승전

- 오늘은 준결승 경기 두 게임이 열리고, **final** 은 내일 열린다.(=
the last contest in a series)

도형 이름

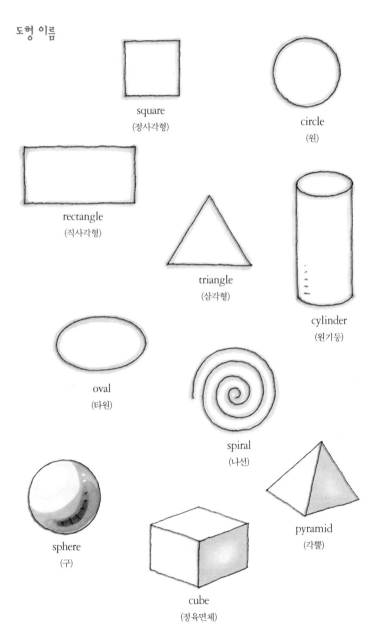

square
(정사각형)

circle
(원)

rectangle
(직사각형)

triangle
(삼각형)

cylinder
(원기둥)

oval
(타원)

spiral
(나선)

sphere
(구)

cube
(정육면체)

pyramid
(각뿔)

3단계

도전 단어

영어 시험 만점에 도전하는 최고
수준의 단어 544개

explain [ikspléin] → 몡 explanation   통
- 화학 선생님은 학생들에게 원자의 구조에 대해 **explain** 했다.(= make clear; give information about)
- 그는 견학생들에게 자동차 엔진이 어떻게 작동하는지를 **explain** 했다.
- 사회자는 게임에 참가하는 사람들에게 게임의 규칙을 **explain** 해 주었다.

adult [ədʌ́lt, ǽdʌlt]   몡
  빤 child
- 미성년자는 그 영화를 볼 수 없다. **adult** 만 볼 수 있는 영화 다.(=a person who is fully grown or of responsible age according to law)
- 아이들은 **adult** 를 동반하지 않고서는 그 음악회에 들어갈 수 없 다.

impossible [impásəbəl / -pɔ́s-]   혱
  빤 possible
- 인간이 다른 은하계로 여행하는 것은 아직 **impossible** 하다.(= not capable of happening or existing)
- "그가 30분 동안에 5그릇을 먹었다고!!! 도저히 믿을 수 없다. 그건 **impossible** 한 일이다."

avoid [əvɔ́id] → 몡 avoidance 혱 avoidable   통
  빤 meet, face
- 다행히 우리는 늦게 출발해서 사고를 **avoid** 할 수 있었다.(=keep away from; elude; evade)
- 시내 중심 가를 통과하려면, 출퇴근시간을 **avoid** 하는 것이 좋다. 출퇴근시간에는 교통이 막히기 때문이다.
- 호출을 해도 연락이 오질 않는다. 그녀가 나를 **avoid** 하는 것 같 다.

훔쳐보기

* explain	• 설명하다	* impossible	• 불가능한
* adult	• 성인	* avoid	• 피하다, 회피하다

minister [mínistər]   명 명

- 지난 일요일에 교회의 ***minister*** 는 '친절'에 대해 설교했다.(=a person who is the spiritual head of a church)
- 대통령은 국무총리와 각 부의 ***minister*** 를 새로 임명했다.(=a high ranking official who heads a department of government)

patient [péiʃənt] → 명 patience   명 형

    반 impatient

- ***patient*** 들이 병원에서 의사의 진찰을 받기 위해 대기실에서 기다리고 있다.(=a person who is receiving medical treatment)
- 나는 그런 모욕을 도저히 ***patient*** 할 수 없다.(=not get angry; showing patience)

limit [límit] → 동 limit 명 limitation   명

- 이 고속도로의 속도 ***limit*** 은 100km/h다. 그 이상의 속도로 달리면 속도위반이 된다.(=the greatest amount, number or level of something that is either possible or allowed)
- 인내력의 ***limit*** 에 도달했다. 더 이상 참지 못하겠다.

perform [pərfɔ́:rm] → 명 performance   동 동

- 그는 아이들에게 약속한 것을 마침내 ***perform*** 했다.(=do; carry out; complete a task)
- 우리는 이곳에서 화학실험을 ***perform*** 할 것이다.
- 그 유명한 피아니스트는 음악회에서 1시간 동안 4개의 곡을 ***perform*** 했다.(=give a performance of)

achieve [ətʃí:v] → 명 achievement   동

- 그 회사는 5년이내에 매출액 1000억원의 목표를 ***achieve*** 하려고 한다.(=accomplish; complete successfully)

훔쳐보기

* minister	• 목사, 성직자	* limit	• 제한, 한계
	• 장관	* perform	• 행하다, 수행하다
* patient	• 환자		• 연주하다, 상연하다
	• 참을 수 있는, 인내심이 있는	* achieve	• 성취하다, 달성하다, 얻다

• 그는 20세에 이미 명예와 부(富)를 ***achieve*** 했다.

collect [kəlékt] → 명 collection 동

⑨ gather ⑪ disperse, scatter

• 그는 취미로 우표를 ***collect*** 하고 있다.(=bring or gather together)
• 사람들은 화재구경을 하려고 불이 난 장소로 삼삼오오 ***collect*** 했다.

forget [fərgét] → 형 forgetful 동

⑪ remember

• 그가 오후에 전화해 달라고 했는데, 내가 다른 일에 몰두하는 바람에 그것을 ***forget*** 했다.(=not remember)

pollute [pəlú:t] → 명 pollution 동

⑪ clean, purify

• 어떤 기업은 유독한 화학물질을 강으로 흘려보내 강을 ***pollute*** 한다.(=make dirty; contaminate)
• 공장에서 나온 매연은 공기를 ***pollute*** 시킨다.

habit [hǽbit] → 형 habitual 명

⑨ custom

• 손톱을 물어뜯는 것은 좋지 않은 ***habit*** 이다.(=a repeated behavior)
• 그는 잠을 잘 때 음악을 듣는 ***habit*** 이 있다.

guard [gɑ:rd] → 명 guard 동 동

• 대통령의 옆에서 건장한 경호원들이 대통령을 ***guard*** 했다.(= watch over; protect)
• 교도소의 간수들은 죄수가 탈출하지 못하도록 죄수를 주의 깊게 ***guard*** 하고 있다.(=watch over in order to prevent escape)

훔 쳐 보 기

* collect	• 모으다	* habit	• 습관, 버릇
* forget	• 잊어버리다, 깜박 잊다	* guard	• 지키다, 방어하다
* pollute	• 오염시키다		• 감시하다

lift [lift] → 명 lift 동

- 짐이 무거워서 할머니는 그 짐을 **lift** 할 수 없었다.(=bring to a higher place; raise)
- 박스를 탁자위로 **lift** 하려고 했으나 박스가 무거워서 **lift** 할 수 없었다.

apply [əplái] → 명 application, appliance, applicant 형 applicable 동 동 동

- 나는 미국으로 가기 위해 미국대사관에 비자(visa)를 **apply** 했다.(=make a request, as for employment or admission)
- 그는 미국에서 대학원 공부를 하기 위해 미국의 몇 개 대학원에 **apply** 했는데 두 군데서 입학 허가를 받았다.
- 20명의 사원을 모집하는 곳에 300명이 **apply** 했다.
- 그는 학교에서 배운 지식을 그 일에 **apply** 했다.(=put into use)
- 이 법률은 예외가 없다. 즉 모든 사람에게 **apply** 된다.(=have an effect)

float [flout] 동

- 돌이나 금속은 물에 넣으면 가라앉지만, 나무는 물위에 **float** 한다.(=stay at the top of liquid)

practical [præktikəl] 형 형

- 반 impractical
- 영어실력이 부족한 학생에게는 꽃보다 영어사전이 **practical** 한 선물이 될 것이다.(=useful)
- 그는 그 사업에 대한 이론적인 지식만 있을 뿐 **practical** 한 경험은 없다.(=learned from practice or experience)

escape [iskéip] → 명 escape 동 동

- 죄수들은 교도소를 **escape** 하려는 계획을 세웠다.(=get free; run away from)

훔쳐보기

* lift	• 들다, 들어올리다	* float	• 물에 뜨다
* apply	• 신청하다, 지원하다	* practical	• 실용적인, 유용한
	• 이용하다		• 실제적인
	• 적용하다	* escape	• 탈출하다

• 그들은 불타는 건물에서 무사히 밖으로 **escape** 했다.(=keep from getting hurt or killed)

comfort [kʌ́mfərt] → 혱 comfortable 통 comfort   명 명

• 그녀의 어머니가 돌아가셨을 때, 친구들의 따뜻한 말 한마디는 그녀에게 커다란 **comfort** 이 되었다.(=make feel less sad; give strength and hope)

• 그녀는 젊었을 때 저축한 돈으로 여생을 **comfort** 하게 지낼 수 있었다.(=freedom from pain or worries)

• 이번 여행에서는 큰 차를 이용했기 때문에 가족들이 **comfort** 하게 여행할 수 있었다.

defend [difénd] → 명 defense   통

    반 attack

• 그녀는 치한의 공격으로부터 자신을 **defend** 하기 위해 호신술을 배웠다.(=protect; keep safe)

lecture [léktʃər] → 통 lecture   명

• 그는 이번 학기에 현대 정치에 관한 K 교수의 **lecture** 를 들었다.(=a speech or talk given to a class or group)

arrest [ərést] → 명 arrest   통

    반 release, free

• 경찰은 범인의 집 근처에 잠복해 있다가 범인을 **arrest** 했다.(= seize a person by legal authority)

• 경찰은 검문을 통해 마약을 지니고 있는 사람들을 현장에서 **arrest** 했다.

increase [inkrí:s] → 명 increase   통

    반 decrease

훔 쳐 보 기

	• 피하다, 빠져나오다	* lecture	• 강의
* comfort	• 위로, 위안	* arrest	• 체포하다
	• 편안함	* increase	• 증가하다, 증가시키다
* defend	• 방어하다, 막다		

- 세계의 인구는 지난 30년간 급속하게 **increase** 되었다. 지구는 거의 포화상태에 이르렀다.(=make or become greater or larger)
- 휘발유 가격이 작년에 비해 약 10%가 **increase** 되었다. 그것 때문에 승용차 이용이 많이 감소했다.

loose [lu:s] → 동 loosen   형 형
  반 fastened, tight
- 그림을 고정시키는 못이 **loose** 해서 벽에 걸린 그림이 떨어질 것 같다.(=not firmly fixed; not tight)
- 살이 빠져서 몸무게가 줄었기 때문에 전에 입던 바지가 **loose** 하다.(=not fitting tightly)

except [iksépt] → 명 exception   전 전
- 그녀만 **except** 하고 모두 영화를 보러 갔다.(=other than; but)
- 한 곳만 **except** 하고 나머지는 모두 깨끗하다.

attract [ətrǽkt] → 형 attractive 명 attraction   동
  반 repel, repulse
- 자석은 철을 **attract** 한다.(=cause to come closer; pull toward oneself or itself)
- 밝은 빛은 나방을 **attract** 한다.
- 어떤 청소년들은 개성 있는 옷을 입어서 사람들의 주의를 **attract** 하고 싶어한다.

melt [melt]   동
- 소금을 물에 넣으면 소금이 **melt** 된다.(=become liquid by heat; dissolve)
- 밤에 내린 눈이 태양에 **melt** 되었다.

obey [oubéi] → 형 obedient 명 obedience   동
  반 disobey

훔쳐보기

* loose	• 풀려진, 헐거운 • 옷이 꼭 끼지 않은, 넉넉한	* attract	• 끌어당기다, 주의를 끌다, 유혹하다
* except	• 제외하고	* melt	• 녹다, 녹이다, 용해시키다

- 군인은 항상 상관의 명령에 *obey* 해야 한다.(=do what is commanded or asked)
- 모든 국민들은 법을 *obey* 해야 한다.

invent [invént] → 명 invention 형 inventive   통
- 에디슨은 19세기 말에 축음기, 백열전등, 영사기 등을 *invent* 했다.(=make up or produce for the first time)
- 1876년 그레엄 벨은 전화를 *invent* 했다.

observe [əbzə́:rv] → 명 observance, observation   통 통
  유 obey
- 운전자뿐만 아니라 보행자도 교통법규를 *observe* 해야 한다.(= act in accordance with; obey; follow)
- 게임에 참여하는 사람은 누구나 게임의 규칙을 *observe* 해야 한다.
- 정찰병은 망원경으로 적군의 움직임을 *observe* 했다.(=see and pay attention to; watch)

burst [bə́:rst]   통
  유 explode
- 풍선에 너무 많은 공기를 불어넣는 바람에 풍선이 *burst* 하고 말았다.(=break open suddenly because of inside pressure)

cast [kæst, kɑ:st]   통 명
- 소년은 강물에 돌을 *cast* 했다.(=throw out or down)
- 어부는 강물에 그물을 힘차게 *cast* 했다.
- 그 연극은 모두 12명의 *cast* 가 출연했다.(=the actors in a play)

decrease [dí:kri:s, dikrí:s] → 명 decrease   통
  반 increase

훔 쳐 보 기

* obey	• 따르다, 복종하다		주시하다
* invent	• 발명하다, 고안하다	* burst	• 터지다, 폭발하다
* observe	• 지키다, 따르다	* cast	• 던지다
	• 관찰하다, 지켜보다,		• 배우

- 그 나라에서는 아이를 낳지 않는 부부가 증가하면서 작년부터 인구가 **decrease** 했다.(=gradually become smaller in size, number, etc)
- 우리는 팀의 인원을 20명에서 10명으로 **decrease** 했다.

exhibit [igzíbit] → 몡 exhibition ⑧⑧

⑪ conceal, hide

- 새로 들여온 피카소 작품을 일반인이 관람할 수 있도록 그 작품들을 미술관에서 한 달 동안 **exhibit** 할 예정이다.(=show or display to the public)
- 그녀는 자신의 감정을 좀처럼 밖으로 **exhibit** 하지 않기 때문에 사람들은 그녀의 마음을 잘 알지 못한다.(=show or demonstrate; reveal)

complete [kəmplíːt] → 혱 complete 몡 completion ⑧

㊙ finish ⑪ begin, start

- 이곳에서 진행되고 있는 공사는 언제쯤이면 **complete** 됩니까?(=finish; bring to an end)
- 그는 저녁 식사 전에 숙제를 모두 **complete** 했다.

disturb [distə́ːrb] → 몡 disturbance ⑧

㊙ annoy, bother

- 내가 공부하고 있을 때는 나를 **disturb** 하지 말아라.(=interrupt; break in on)

endure [endjúər] → 몡 endurance ⑧⑧

- 나는 더 이상 그 소음을 **endure** 할 수 없다.(=bear; put up with)
- 위대한 작가로서의 그의 명성은 그가 죽은 후에도 오랫동안 **endure** 되고 있다.(=last; continue for a long time)

훔쳐보기

* decrease	• 서서히 줄(이)다, 감소하다(시키다)	* complete	• 끝내다, 완결하다
		* disturb	• 방해하다, 괴롭히다
* exhibit	• 전시하다, 진열하다	* endure	• 참다, 견디다
	• 나타내다, 보이다		• 지속되다, 계속하다

climb [klaim]   동

　⊛ ascend　㉒ descend
- 저 높은 나무의 꼭대기에 **_climb_** 할 수 있는 사람은 거의 없다.(= go up by using the feet and often the hands)
- 노인은 1층에서 2층으로 천천히 계단을 **_climb_** 하고 있다.

multiply [mʌ́ltəplài] → 몡 multiplication   동 동
- 2에 4를 **_multiply_** 하면 8이 된다.(=add same number as many times as stated)
- 요즘 그 잡지가 잘 팔리는 걸 보면 그 잡지를 읽는 독자의 수가 **_multiply_** 한 것 같다.(=increase; make or become more)

pain [pein] → 혱 painful 몡 pains   몡
- 나는 갑자기 가슴에 **_pain_** 을 느껴서 병원에 갔다.(=physical suffering caused by injury or sickness; mental suffering)
- 맨발로 걷다가 유리조각을 밟는 순간, 심한 **_pain_** 을 느꼈다.

flat [flæt]   혱 혱

　㉒ rough
- 수백년 전에는 사람들이 지구가 **_flat_** 하다고 생각했고, 단지 몇 사람만이 지구가 둥글다는 것을 알고 있었다.(=smooth and level)
- 콜라를 병마개로 막지 않고 놓아두었더니, 콜라가 **_flat_** 해서 맛이 없다.(=not fresh because it has lost its bubbles)

discover [diskʌ́vər] → 몡 discovery   동

　㉒ conceal, hide
- 컬럼버스는 1492년에 아메리카 대륙을 **_discover_** 했다.(=find or learn something for the first time)
- 퀴리 부부는 라듐을 **_discover_** 했다.

훔쳐보기

* climb	• 올라가다	* flat	• 평평한
* multiply	• 곱하다, 곱셈을 하다		• 김빠진
	• 증가하다, 늘리다	* discover	• 발견하다, 깨닫다
* pain	• 고통, 아픔, 통증		

퍼즐게임

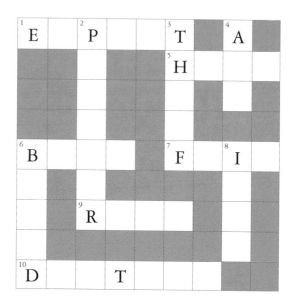

Across(가로 열쇠)

1. 예상하다, 기대하다(think that something will be happen; look forward to; anticipate)
5. 해, 손해, 손상(damage; hurt) 해치다, 손상하다(hurt; damage)
6. 계산서, 청구서(a listing of money owed for goods or services) 지폐(a piece of paper money) 법안(a proposed law to be voted on by lawmakers)
7. 떨어지다, 불합격하다(not succeed) 고장나다, 작동하지 않다(stop working; break down)
9. 무례한, 버릇없는(not polite; without respect for others)
10. 파괴하다, 없애버리다(ruin; put an end to)

Down(세로 열쇠)

2. 인기 있는(well liked) 대중적인(liked by many people)
3. 도둑(one who steals; a robber)
4. 예술(the expression or making of something that is beautiful)
6. 눈먼, 볼 수 없는(unable to see)
8. 일하지 않는, 놀고 있는(not working or being used; not busy)

과일 이름

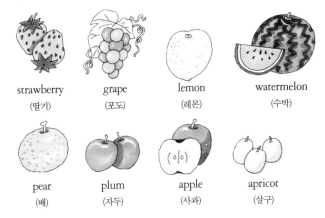

strawberry
(딸기)

grape
(포도)

lemon
(레몬)

watermelon
(수박)

pear
(배)

plum
(자두)

apple
(사과)

apricot
(살구)

야채 이름

garlic
(마늘)

onion
(양파)

potato
(감자)

cucumber
(오이)

pumpkin
(호박)

pea
(완두콩)

carrot
(당근)

cabbage
(양배추)

mushroom
(버섯)

tomato
(토마토)

graduate [grǽdʒuèit, -it] → 몡 graduation, graduate   툉
- 그는 고등학교를 ***graduate*** 하고 대학에 진학했다.(=complete an educational course; receive or grant an academic degree or diploma)
- 그는 2월에 대학을 ***graduate*** 하고 3월에 취직했다.

normal [nɔ́ːrməl]   혱
- 반 odd
- 어린이들이 어두운 곳을 무서워하는 것은 ***normal*** 하다. 특이한 것이 아니다.(=standard; natural; usual; average)
- 인간의 ***normal*** 한 체온은 섭씨 36.5-36.9도 이다.

hurt [həːrt] → 몡 hurt   툉
- 유 damage, harm, injure
- 그는 길에서 넘어져서, 다리를 ***hurt*** 했다.(=cause pain or injury)
- 그녀는 교통사고로 팔을 ***hurt*** 해서 글씨를 쓸 수 없다.

poison [pɔ́izən] → 혱 poisonous   몡
- 그는 음식에 ***poison*** 을 넣어 왕을 죽이려고 했다.(=a substance that causes illness or death if it is taken into the body)
- 코브라는 ***poison*** 이 있는 뱀이어서 물리면 목숨을 잃을 수도 있다.

express [iksprés] → 몡 expression   툉
- 연설을 잘하는 사람은 자신의 생각을 명확히 ***express*** 할 줄 안다.(=say clearly; show one' s feelings)
- 지금 얼마나 행복한지 말로 ***express*** 할 수 없다.

conflict [kánflikt / kɔ́n-]   툉 몡
- 반 agree
- 아이의 교육 문제에 대해 남편의 생각과 나의 생각이 ***conflict*** 하기 때문에, 남편과 충분한 협의를 한 후 신중히 결정하기로 했

훔쳐보기

* graduate	• 졸업하다	* poison	• 독약, 독
* normal	• 정상의, 보통의, 평균의	* express	• 표현하다, 나타내다
* hurt	• 다치게 하다, 상처 내다	* conflict	• 대립하다, 상반되다

다.(=be in opposition to; disagree)
- 그가 말한 것과 실제 계약서의 내용과는 **conflict** 가 있었다.(=a disagreement; argument)

advance [ədvǽns, -vάːns, əd-] → 명 advance 형 advanced   동
　ⓤ progress, proceed　ⓐ withdraw
- 군대는 목표지점을 향해 하루에 20km씩 **advance** 했다.(=move forward or ahead)
- 날씨가 매우 나빴지만, 그들은 산의 정상을 향해 조금씩 **advance** 했다.

hire [háiər]   동
　ⓤ employ　ⓐ dismiss, fire
- 그 회사는 이번에 약 10명의 신입사원을 **hire** 했다.(=pay for the service of; employ)
- 전에 있던 비서가 직장을 그만두어서, 사장은 새로운 비서를 **hire** 했다.

connect [kənékt] → 명 connection   동
　ⓤ unite, join, link
- 섬과 육지를 **connect** 하는 다리(=join together; put together; unite)
- 그는 끊어진 두 개의 전선을 **connect** 했다.

pour [pɔːr]   동
- 나는 커다란 우유팩에서 우유를 컵에 **pour** 했다.(=(cause to) flow continuously)
- 상처에서 피가 계속해서 **pour** 하고 있다.

huge [hjuːdʒ, juːdʒ]   형
- 그는 방이 10개가 넘는 **huge** 한 집에서 살고 있다.(=very big;

홈쳐보기			
* advance	• 불일치, 대립, 논쟁 • 전진하다, 나아가다	* pour	• 쏟다(쏟아지다), 흘리다(흐르다)
* hire	• 고용하다	* huge	• 거대한
* connect	• 연결하다		

enormous)

- 공룡은 몸집이 **huge** 한 동물이다.

ignore [ignɔ́ːr] → 몡 ignorance 혱 ignorant   동

  반 notice

- 내가 그녀에게 그녀의 옷에 관한 질문을 했지만, 그녀는 나의 질문을 **ignore** 하고 딴 얘기만 계속했다.(=pay no attention to)
- 그는 바다 깊은 곳에 들어가지 말라는 나의 경고를 **ignore** 하고, 깊은 바다에서 수영을 했다.

gain [gein] → 몡 gain   동 동

  반 lose

- 나는 그 일을 통해서 좋은 경험을 **gain** 했다.(=obtain; earn; win)
- 그는 두 달 동안 먹기만 하고 운동을 하지 않아서 몸무게를 **gain** 했다.(=get or add as an increase)

advise [ædváiz, əd-] → 몡 advice   동

- 의사는 나에게 약을 복용하는 동안은 술을 먹지 말 것을 **advise** 했다.(=give someone an opinion about what to do; counsel; warn)
- 변호사는 그녀에게 기자들 앞에서는 어떤 말도 하지 말라고 **advise** 했다.

create [kriéit] → 몡 creature, creation 혱 creative   동

  반 destroy

- 그들은 사막 위에 도시를 **create** 했다.(=make; bring into being)
- 최초의 정착민들은 아무 것도 없는 황무지에 집과 농장을 **create** 했다.

mistake [mistéik]   동 동 몡

  유 error, fault

- 나는 그녀가 말한 것을 **mistake** 해서 그녀에게 엉뚱한 물건을 가

훔쳐보기

* ignore	• 무시하다	* advise	• 충고하다, 경고하다
* gain	• 얻다, 획득하다	* create	• 창조하다, 만들다
	• 증가시키다, 늘리다	* mistake	• 잘못 이해하다

져다주었다.(=misunderstand)

- 나는 수퍼마켓에 쇼핑하러 나온 사람을 그곳의 점원으로 ***mistake*** 했다.(=recognize or identify incorrectly)
- 나의 충고를 무시한 것은 그의 치명적인 ***mistake*** 이었다. 그는 결국 엄청난 손해를 보았다.(=an error; an idea, act, etc. that is wrong)

boil [bɔil]   동

- 물은 섭씨 100도에서 ***boil*** 한다.(=heat a liquid until it reaches temperature of 100°C)
- 물이 ***boil*** 하면 라면과 수프를 넣어라.

examine [igzǽmin] → 명 examination   동

윤 inspect

- 나는 현미경으로 식물 세포를 ***examine*** 했다.(=look at carefully)
- 보일러 수리공은 보일러가 제대로 작동하는지를 ***examine*** 했다.
- 경찰은 범인의 지문을 얻기 위해 방 안을 ***examine*** 했다.

firm [fə:rm]   형 형 형

반 soft, weak

- 운동 선수의 ***firm*** 한 근육이 부럽다.(=strong; solid)
- 의자의 다리가 ***firm*** 한 것 같지 않다. 내가 앉으면 부서질 것 같다.(=strong; fixed; stable)
- 주위 사람들의 만류에도 불구하고, 그의 신념은 ***firm*** 하다.(=not easily moved or changed)

wound [wu:nd, waund] → 동 wound   명

- 칼에 베어서 ***wound*** 가 생겼는데, 그곳에서 계속 피가 흘러나오고 있다.(=an injury to part of your body)

훔 쳐 보 기

	• 오인하다	* firm	• 단단한, 견고한
	• 실수, 잘못		• 튼튼한, 고정된
* boil	• 끓다		• 확고한, 굳센
* examine	• 조사하다, 검사하다, 관찰하다	* wound	• 상처

- 그는 권투시합 중에 머리를 부딪히는 바람에 이마에 **wound** 가 생겨서 시합을 포기해야만 했다.

progress [prágres / próug-] → 휑 progressive 명 progress   통통
- 보상 문제로 인하여 그 지역에서의 아파트 건축이 느리게 **progress** 되고 있다.(=move forward; advance)
- 그녀의 영어 실력이 나날이 **progress** 해서 영어방송을 이해할 수 있을 정도가 되었다.(=develop; improve)

content [kəntént]   휑명
- 그 성실한 부부는 욕심이 없어서 작은 집에서 생활하는 것에 **content** 한다.(=satisfied; happy)
- 당신은 현재의 월급에 **content** 합니까?
- 경찰관은 박스 안의 **contents** 를 조사했다.(=all that is contained)

harvest [há:rvist] → 통 harvest   명
- 적당한 비와 기온의 덕택으로 그 지역의 농부들은 올해 쌀의 **harvest** 가 성공적일 것으로 기대하고 있다.(=the act or process of gathering a crop)

relative [rélətiv]   명휑
- 그는 교통사고로 부모님을 잃었는데, 남아 있는 **relative** 는 삼촌 밖에 없다.(=a person of the same family by blood or marriage; a relation)
- 우리는 설날이 되면 **relative** 를 방문하여 그들과 윷놀이를 즐긴다.
- 섭씨 28도를 덥다고 말하는 사람도 있는 반면, 덥지 않다고 느끼는 사람도 있다. 따라서 '덥다', '춥다' 라는 말은 사람 또는 상황에 따라 다르게 느껴질 수 있는, **relative** 한 표현이다.(=having meaning only through a comparison with something else; comparative;

훔쳐보기

* progress	• 진행되다, 전진하다	*harvest	• 수확, 추수
	• 향상하다, 발달하다	* relative	• 친척
* content	• 만족한		• 상대적인, 비교적인
	• 내용(물)		

not absolute)

exact [igzǽkt] → 閉 exactly 〔형〕

- 인공위성에서 찍은 사진을 보면, 무기가 숨겨진 곳의 **exact** 한 위치를 알 수 있다.(=accurate; precise; correct; without error)
- 그녀는 사고가 발생한 시간이 오후 6시쯤이라고 얘기했지만, **exact** 한 시간은 5시 57분이다.

native [néitiv] 〔형〕〔형〕〔형〕〔명〕

- 한국에 잠시 머물고 있는 그 사람의 **native** 나라는 독일이다.(= having to do with the place where one was born)
- 키가 큰 삼나무는 미국 캘리포니아가 **native** 다.(=belonging naturally to a particular place or country)
- 그의 뛰어난 사교술은 배운 것이 아니라 **native** 한 능력이다.(= belonging to a person by nature; not learned; natural)
- 그 섬에 이주해 온 백인들은 섬의 **native** 들과 마찰이 잦았다.(= one of the original people living in a place, not a colonist or invader from some other place)

solve [sɑlv / sɔlv] → 閱 solution 〔동〕

- 그는 어려운 수학문제를 다른 사람의 도움 없이 혼자서 모두 **solve** 했다.(=find the solution or answer)

myth [miθ] 〔명〕

- 그리스 **myth** 에 나오는 제우스는 로마 **myth** 에 나오는 주피터와 동일 인물이다.(=stories from ancient cultures about history, gods, and heroes)

mystery [místəri] → 閱 mysterious 〔명〕

- 승객 200여명을 태운 비행기가 그 지점에서 갑자기 사라진 것은

훔쳐보기

* exact	• 정확한, 틀림없는		• 토착민, 원주민
* native	• 출생지의, 태어난 곳의	* solve	• 해결하다, 풀다
	• 원산지의, -에서 산출되는	* myth	• 신화, 설화
	• 타고난, 선천적인	* mystery	• 이해·설명이 되지 않는 것

아직도 **mystery** 로 남아 있다.(=something that is not or cannot be explained or understood)

• 그 상황에서 동물이 이상한 행동을 하는 것은 과학자들도 설명할 수 없는 **mystery** 다.

adventure [ædvéntʃər, əd-]　　　　　　　　　명

• 나는 조그만 배를 타고 바다를 돌아다니면서 겪었던 **adventure** 를 친구들에게 얘기해주었다.(=an exciting and often dangerous thing to do)

deliver [dilívər] → 명 delivery　　　　　　　통

㊒ carry, convey

• 트럭은 공장에서 생산된 식품들을 수퍼마켓으로 **deliver** 한다.(= take things to a place of business or a home)

• 그 아주머니는 매일 아침 각 가정으로 우유를 **deliver** 한다.

aim [əim] → 통 aim　　　　　　　　　　　명

㊒ goal, purpose

• 우리 회사의 올해 **aim** 은 매출 500억원과 순이익 50억원을 달성하는 것이다.(=purpose)

• 그가 세운 **aim** 은 달성하기 어려운 것들이다.

delicious [dilíʃəs]　　　　　　　　　　　형

• 이 음식은 내가 먹어본 것 중에서 가장 **delicious** 한 음식이다.(= very pleasing to the taste)

applaud [əplɔ́:d] → 명 applause　　　　　　통

• 연극이 끝나자 앉아 있던 관객들은 모두 일어서서 배우들에게 **applaud** 했다.(=express enjoyment or approval especially by clapping the hands)

훔 쳐 보 기

* adventure	• 흥분되고 위험한 체험	* delicious	• 맛있는, 기분 좋은
* deliver	• 전달하다, 배달하다	* applaud	• 박수를 쳐서 칭찬하다
* aim	• 목표, 목적		

secret [síːkrit]　　　　　　　　　　　　　　　　　　　　　　　형 명

　　반 open, public

- 그는 아내 몰래 **secret** 한 장소에 돈을 숨겼다.(=hidden from others)
- 그는 입이 가벼워서 **secret** 을 지킬 수 없을 것이다.(=something kept hidden; something known only to a few)
- 우리가 어디로 가는지는 말할 수 없다. 그건 **secret** 이다.

represent [rèprizént] → 형 representative 명 representation　　동 동

- 지도 위의 파란색의 굵은 선은 고속도로를 **represent** 한다.(= stand for; express by some symbol or sign)
- 외국에서는 그곳의 한국 대사관이 한국을 **represent** 한다.(=act in the place of)

explore [iksplɔ́ːr] → 명 exploration　　　　　　　　　　　　　　동

- 연구소의 지질학자 몇 명이 남극 대륙을 **explore** 했다.(=travel in a place in order to find out more about it)

earn [əːrn] → 명 earnings　　　　　　　　　　　　　　　　　　　동

- 그는 공장에서 일한 대가로 50달러의 돈을 **earn** 했다.(=get money by working)
- 아래층에 살고 있는 내과의사는 한 달에 얼마나 **earn** 하는가?

weather [wéðər]　　　　　　　　　　　　　　　　　　　　　　　명

- 휴가 기간에는 구름 한 점 없는 쾌청한 **weather** 여서, 멋진 휴가를 즐길 수 있었다.(=the condition or activity of the atmosphere at any given time or place)

company [kʌ́mpəni]　　　　　　　　　　　　　　　　　　　　　명

- 그는 취직을 하려고 몇몇 **company** 에 입사원서를 제출했다.(=

훔쳐보기

* secret	• 비밀의, 남이 모르는	* explore	• 탐험하다, 탐사하다
	• 비밀	* earn	• 일을 해서 돈을 받다(벌다)
* represent	• 표시하다, 나타내다	* weather	• 날씨
	• 대표하다	* company	• 회사

any organization that produces goods or provides services in order to make a profit)

guess [ges] → 명 guess 동 동 동

- 내가 어제 산 옷의 가격이 얼마인지 *guess* 해봐라.(=give an answer or opinion something about without many facts)
- 스피커에서 나오는 목소리를 들어보고 그 사람이 누구인지 *guess* 해봐라.
- 그는 그녀의 나이를 정확히 *guess* 해서 그녀를 놀라게 했다.(= give the correct answer when you are not sure about it)
- 여러 사람의 말을 종합해 볼 때, 그가 옳다고 *guess* 한다.(=think; suppose)

voice [vɔis] 명

- 그녀는 문 밖에서 아들의 *voice* 를 들을 수 있었다.(=sound made through the mouth)
- 그가 비밀얘기를 할 때는 *voice* 를 낮추어서 조용히 얘기했다.

imagine [imǽdʒin] → 명 imagination 형 imaginary, imaginative 동 동

- 네가 화성에 있다고 *imagine* 해 봐라.(=make up a picture or idea in the mind)
- 나는 전화로 그녀의 목소리를 듣고, 그녀를 젊고 예쁜 아가씨로 *imagine* 했다. 그러나 실제로는 그렇지 않았다.
- 그에게 무슨 일이 있었는지 도저히 *imagine* 할 수 없다.(=make a guess; think)

conversation [kὰnvərséiʃən / kɔ̀n-] 명

- 버스를 기다리는 동안 옆에 있는 사람과 날씨에 관해 짧은 *conversation* 을 나누었다.(=talk between two or more people)

훔쳐보기

* guess	• 판단을 내리다, 의견을 말하다	* voice	• 목소리, 음성
	• 추측으로 맞추다	* imagine	• 상상하다, 마음속에 그리다
	• 추측하다, 생각하다		• 추측하다, 상상하다
		* conversation	• 대화

suit [su:t] [동][동][동]

- 새로 이사온 집은 작지만 우리들의 요구를 충분히 **suit** 한다.(= meet the needs of; satisfy)
- 그런 색깔의 옷은 그에게 **suit** 하지 않는다.(=look good or well-matched)
- 그녀는 제품을 판매하는 일이 자신에게 **suited** 하지 않은 것을 깨닫고, 한 달 후에 그만두었다.(=be fit or suitable)

principal [prínsəpəl] [명][형]

- 우리 학교의 **principal** 은 모든 선생님들뿐만 아니라 학생들에게도 존경을 받고 있다.(=the head of a school)
- 각 나라의 대통령과 총리들이 이 곳에 모인 **principal** 한 목적은 군사무기를 줄이기 위해서다.(=main; most important)
- 커피는 브라질의 **principal** 한 수출품목이다.

ambassador [æmbǽsədər] [명]

- 일본이 공해 상에서 한국의 어선을 잡아가자, 한국의 외무부장관은 한국에 있는 일본 **ambassador** 에게 공식적으로 항의했다.(= an official or the highest rank who represents his or her government in another country)

ambitious [æmbíʃəs] → [명] ambition [형]

- 그는 25세에 국회의원선거에 출마할 정도로 **ambitious** 하다.(= having a strong desire for success, power, etc.)

instrument [ínstrəmənt] [명]

- 그 회사는 고급의 필기 **instrument** 를 생산하고 있다.(=a tool; device)
- 치과의사는 몇 개의 **instrument** 를 집어들고 환자를 치료했다.

훔쳐보기

* suit • 만족시키다	• 주된, 주요한
• 어울리다	* ambassador • 대사
• be suited 적합하다, 맞다	* ambitious • 야망이 있는
* principal • 교장	* instrument • 도구, 기구

plate [pleit] 〔명〕

- **plate** 에 음식을 가득 담아서 가져가다가 넘어지는 바람에 **plate** 은 깨지고 음식이 바닥에 떨어졌다.(=a flat usually round dish)

common [kámən / kɔ́m-] 〔형〕〔형〕〔형〕

〔반〕 unusual, rare

- 미국, 캐나다, 영국, 호주는 '영어' 라는 **common** 한 언어를 사용하고 있다.(=belonging to or shared equally by everybody)
- 그들은 **common** 한 관심사를 갖고 있기 때문에 쉽게 친해질 수 있었다.
- 그는 **common** 한 이익을 위해서 개인의 이익을 희생했다.(= belonging to society as a whole)
- '마이클' 이란 이름을 가진 사람이 우리 반에서만 3명이다. 정말 '마이클' 은 **common** 한 이름이다.(=often seen or heard)
- 예전에는 대학생이 해외에 나가는 것이 드물었지만, 요즘은 **common** 한 일이다.

deal [di:l] 〔동〕〔동〕

- 선생님은 장난이 심한 아이들을 **deal with** 하는 방법을 알고 있다.(=handle; treat; manage)
- 그의 임무는 소비자의 불만을 **deal with** 하는 것이다.
- 그 책은 사회의 실업과 빈곤의 문제를 **deal with** 하고 있다.
- 그는 18-19세기의 그림들을 **deal in** 하고 있다. 그에게 물어보면 그림의 가격을 알 수 있을 것이다.(=buy and sell products)

judge [dʒʌdʒ] → 〔명〕judgment 〔동〕〔명〕

- 나는 그의 말이 옳은지 그른지 **judge** 할 수 없었다.(=form an opinion about)
- 책의 표지만 보고 책을 **judge** 할 수는 없다.
- 3명의 **judge** 들은 청코너의 권투선수가 승리했다고 선언했다.(=a

훔 쳐 보 기

* plate	• 접시	* deal	• 다루다, 취급하다
* common	• 공통의		• 거래하다
	• 공공의	* judge	• 판단하다
	• 흔히 있는		• 심판

person chosen to decide the winner in a contest)

declare [diklέər] → 명 declaration   동

- 선거관리위원회에서는 선거가 끝난 지 24시간만에 선거결과를 ***declare*** 했다.(=make known; announce openly)
- 범죄가 증가하자 정부는 범죄와의 전쟁을 ***declare*** 했다.

pleasant [plézənt]   형

- 이 도시는 공원과 아름다운 거리로 가득 차 있는 ***pleasant*** 한 곳이다.(=enjoyable; attractive)
- 이 나라는 ***pleasant*** 한 기후를 갖고 있어서 사람들이 살기에 좋은 곳이다.

tight [tait]   형

반 loose

- 매듭이 매우 ***tight*** 하게 묶여 있어서 도저히 풀 수 없었다.(=not easily moved; secure)

character [kǽriktər] → 명 characteristic 형 characteristic   명 명 명

- 그가 자주 내뱉는 욕설에서 그의 ***character*** 를 판단할 수 있다.(=the general tendency of a person's behavior)
- 논밭과 숲은 시골의 ***character*** 를 나타낸다.(=all those things that make one person or thing different from others)
- 그 소설에 나오는 주요 ***character*** 는 의사와 간호원들이다.(=a person in a play or story)

treasure [tréʒər]   명

- 그는 해적들이 섬에 묻어놓은 ***treasure*** 를 찾아내어 부자가 되었다.(=wealth, such as money, jewels or gold that has been collected)

훔 쳐 보 기

* declare	• 발표하다, 공포하다	• 특성
* pleasant	• 기분 좋은, 마음에 드는	• 등장인물
* tight	• 꽉 조인, 꽉 고정된 * treasure	• 보물
* character	• 성격	

disappear [dìsəpíər] → 몡 disappearance   동

    반 appear

- 태양이 구름 뒤로 **disappear** 했다.(=go out of sight; become lost; vanish)
- 오래된 건물들이 **disappear** 하고 현대식 건물들이 들어서고 있다.

doubt [daut] → 몡 doubtful 몡 doubt   동

    반 trust, believe

- 우리는 그 자동차가 그녀의 것인지 **doubt** 했다. 왜냐하면 그녀가 돈이 없다는 것을 모두가 알고 있기 때문이다.(=be uncertain about; question)

industry [índəstri] → 몡 industrial, industrious   몡

- 공장 등에서 상품을 생산하는 과정과 관련된 활동 또는 분야를 **industry** 라 한다. '상업(commerce)'과 대조적인 의미로 쓰인다.(=any business that produces goods or services)

relax [riláeks] → 몡 relaxation   동 동

- 가벼운 운동과 마사지를 통하여 뭉친 근육을 **relax** 했다.(=make or become less firm, stiff or tight)
- 너무 열심히 일을 했어. 잠시 **relax** 하는 것이 좋겠다.(=rest from work; make or become less active)
- 그녀는 피곤한 몸으로 집에 돌아온 후에, 편한 자세로 커피 한 잔과 음악을 들으며 **relax** 했다.

prove [pru:v] → 몡 proof   동

- 범죄 현장에 남겨진 그의 지문은 그가 범인이라는 것을 **prove** 해주었다.(=show to be true or real)
- 당신은 살인 사건이 발생한 그 시각에 잠을 자고 있었다는 것을

훔쳐보기

* disappear	• 사라지다, 없어지다	• 쉬다(쉬게 하다),
* doubt	• 의심하다	편하게 하다(편하다)
* industry	• 산업, 공업, 제조업	* prove • 사실임을 증명하다
* relax	• 긴장을 풀다, 완화하다	

prove 할 수 있습니까? 당신이 그것을 *prove* 할 수 있으면 풀려
날 수 있습니다.

absolute [ǽbsəlùːt]   [형] [형]
- 독재자는 *absolute* 한 권력을 가진 사람이다.(=without limit)
- 검사는 그가 범인이라는 *absolute* 한 증거를 갖고 있었기 때문에
  재판에 자신이 있었다.(=perfect; complete)

beat [biːt] → [명] beat   [동][동][동]
- 그들은 어떤 한 사람을 시퍼렇게 멍이 들도록 *beat* 했다.(=strike
  or hit repeatedly)
- 가슴에 귀를 갖다대면 심장이 *beat* 하는 소리를 들을 수 있다.(=
  move regularly)
- 그는 테니스 시합 결승전에서 상대편 선수를 3-0으로 *beat* 해서
  2년 연속 우승했다.(=defeat; win over)

fault [fɔːlt]   [명] [명]
- 그녀의 가장 큰 *fault* 는 너무 말이 많다는 것이다.(=a mistake;
  defect; imperfection)
- 정비소의 수리공은 내 자동차의 엔진에서 아무런 *fault* 를 발견
  하지 못했다.
- 우리가 늦은 것은 나의 *fault* 다. 내가 늦게 나오는 바람에 제 시
  간에 출발하지 못했다.(=responsibility; blame)

monitor [mǽnitər / mɔ́n-] → [명] monitor   [동]
- 경찰은 교통 상황을 *monitor* 하기 위해 레이더를 이용했다.(=
  listen to or watch in order to check up on)
- 상황 통제실에서 로봇의 작동을 *monitor* 할 수 있다.

훔쳐보기

* absolute	• 절대적인 • 완전한, 확실한	* fault	• 결점, 홈, 결함 • 책임
* beat	• 치다, 때리다, 두드리다 • 규칙적으로 움직이다 • 이기다	* monitor	• 관찰하다, 검사하다, 청취하다

legend [lédʒənd] → 형 legendary ［명］

- 옛날에 호랑이가 그 동굴 속에서 보물상자를 지켜왔다는 ***legend*** 가 전해 내려온다.(=a story handed down from the past, but its truth or accuracy may be questionable)

- 이 바위에 관한 ***legend*** 에 의하면, 보름달이 뜨는 날에 이 바위 앞에서 소원을 빌면 소원이 이루어진다고 한다.

contest [kántest / kɔ́n-] → 동 contest ［명］

- 그녀는 98년도 미인 ***contest*** 에서 1위로 뽑혔다.(=a competition)

elementary [èləméntəri] ［형］

- 너는 영어를 잘 하지 못하니까 ***elementary*** 과정부터 들어야 할 것이다.(=basic; fundamental; simple)

engage [engéidʒ] → 명 engagement ［동 숙 숙 동］

- 그 회사는 최근에 50명의 신입사원을 ***engage*** 했다.(=employ; hire)

- 내 친구는 며칠 전에 그 남자와 ***be engaged to*** 했고, 내년에 결혼할 예정이다.(=promise to marry)

- 그는 무역업에 ***be engaged in*** 하고 있다.(=be occupied)

- 소모적인 대화에는 ***engage*** 하지 않는 게 좋아.(=participate; involve)

literature [lítərətʃər, -tʃùər] → 형 literary ［명］

- 우수성으로 인하여 그 가치가 오래 지속되는 시, 소설, 수필 등의 작품을 ***literature*** 라고 한다.(=written works, such as novels, poems, plays, and commentary about them)

offer [ɔ́(:)fər, áf-] ［동］

- 그는 그의 집을 찾아온 손님들에게 음료수와 과일을 ***offer*** 했

훔쳐보기

* legend	• 전설	• be engaged to 약혼하다
* contest	• 경기, 대회, 경쟁, 다툼	• be engaged in 종사하다
* elementary	• 기본적인, 초보의, 초급의	• 참여하다, 관련시키다
* engage	• 고용하다	* literature • 문학작품, 문학

다.(=present something that may be accepted or not)

locate [loukéit] → 뗑 location 동 동
- 그의 집은 강가에 **located** 하고 있다.(=place; situate)
- 그 회사는 시내 중심가에 **located** 해서 교통이 편리하다.
- 헬리콥터 수색대가 엔진 고장으로 바다에서 표류하고 있는 배의 위치를 **locate** 했다.(=find the place or position of)

bubble [bʌ́bəl] 뗑
- 물이 끓기 시작하면, **bubble** 이 물 표면 위로 빠르게 올라온다.(=a small ball of air or gas in a liquid)
- 아이들이 비누와 물을 이용하여 비누 **bubble** 을 만들고 있다.

magnificent [mægnífəsənt] → 뗑 magnificence 휑
- 유 splendid 반 plain, simple
- 그 산의 정상에서 내려다본 경치는 평생 잊을 수 없을 만큼 **magnificent** 했다.(=very beautiful or impressive; splendid)
- 말로만 듣던 인도의 타지마할을 직접 보니 정말 **magnificent** 한 건축물이라는 것을 느꼈다.

mail [meil] → 동 mail 뗑
- 미국에 있는 친구가 보낸 **mail** 이 이번 주에 도착할 것 같다.(= letters, package, etc. carried and delivered by a post office)

own [oun] 동 동
- 유 possess
- 이 건물에서 살고 있는 사람은 그들이지만, 이 건물을 실제로 **own** 하고 있는 사람은 다른 사람이다.(=possess; have for oneself)
- 사장은 자신이 잘못한 것을 솔직하게 **own** 했다.(=admit; confess)

훔쳐보기

* offer	• 제공하다, 제안하다	* magnificent	• 웅장한, 화려한, 인상깊은
* locate	• 위치하다, 자리잡다	* mail	• 편지, 소포
	• (위치를) 찾아내다	* own	• 소유하다
* bubble	• 방울, 거품, 기포		• 인정하다, 고백하다

jewel [dʒúːəl] 명

- 왕관은 다이아몬드와 기타 **jewel** 로 장식된 금으로 만들어졌다.(=a precious stone; gem)
- 다이아몬드, 루비, 에메랄드는 아름다운 **jewel** 들이다.

tremble [trémbəl] 동

- 그의 집은 낡은 데다가 철길 옆에 있어서 기차가 지나갈 때는 집이 **tremble** 했다.(=shake because of fear, cold, excitement, weakness, etc.)
- 나는 건물이 몇 초 동안 **tremble** 한 것을 느꼈을 때, 지진이 일어난 것을 알 수 있었다.

population [pùpjəléiʃən / pɔ́p-] 명

- 서울의 **population** 은 천만 명을 훨씬 초과한다.(=the number of persons living in a country, place, etc)

similar [símələr] → 명 similarity 형

반 different

- 그는 그의 동생과 외모에서 매우 **similar** 하기 때문에 언뜻 보면 동생으로 오해할 수 있다.(=alike but not exactly the same)
- 너의 필체와 나의 필체가 **similar** 해서, 이름을 쓰지 않으면 누가 쓴 것인지 구별하기 힘들다.

trick [trik] 명 명 명

- 조그만 돌멩이를 경비원의 앞쪽에 던진 것은 경비원의 주의를 그 쪽으로 돌리기 위한 **trick** 이었다.(=something done to cheat or make someone look stupid)
- 그는 상자 속에 있는 토끼를 사라지게 하는 **trick** 을 보여주어서 관객들을 즐겁게 했다.(=an act that requires a special skill; magic)
- 그녀는 플라스틱 원반을 잘 던지는 **trick** 을 배웠다.(=a clever

훔쳐보기

* jewel	• 장신구, 보석	* trick	• 책략, 계략, 속임수, 장난
* tremble	• 흔들리다, 떨다		• 묘기, 마술, 요술, 재주
* population	• 인구		• 비결, 요령
* similar	• 비슷한, 유사한		

method or technique; a special skill)
- 그는 그녀에게 병마개를 쉽게 따는 *trick* 을 알려주었다.

hate [heit] → 몡 hatred, hate 혱 hateful   동
　反 like, love
- 나는 비열하고, 탐욕스럽고 이기적인 너의 성격을 *hate* 한다.(= dislike strongly)
- 그가 무례하고 욕심이 많기 때문에 그녀는 그를 *hate* 한다.

fear [fiər] → 혱 fearful   몡 동 동
　유 dread, terror
- 강도가 칼을 들고 다가오자, 그는 *fear* 를 느꼈다.(=a feeling one has when danger, trouble, or harm is near)
- 그녀는 밤에 집에 혼자 있는 것을 *fear* 했다.(=be afraid of)
- 내가 친구들과 함께 강으로 수영하러 갔을 때, 어머니는 내가 물에 빠지지 않을까 *fear* 했다.(=feel uneasy or anxious)

blaze [bleiz] → 동 blaze   몡 몡
- 소방관들이 *blaze* 를 진화시키는 데 4시간이 걸렸다.(=a big fire)
- 소방관들은 화학공장에서 발생한 *blaze* 를 진압하는 데 어려움을 겪고 있다.
- 자동차전등의 *blaze* 때문에 잠시동안 앞을 볼 수 없었다.(=any bright light)

means [mi:nz]   몡 몡
- 그는 게임에서 승리하기 위해 가능한 모든 *means* 를 이용했다.(=something used to help reach a goal; method)
- 그는 고급자동차를 갖고 싶었지만, 그것을 살 만한 *means* 가 없다.(=wealth; money; riches)

훔 쳐 보 기

* hate	• 몹시 싫어하다, 증오하다	* blaze	• 큰 화재
* fear	• 두려움, 공포		• 밝은 빛
	• 두려워하다	* means	• 수단, 방법
	• 걱정하다, 염려하다		• 돈, 재산, 자산

expensive [ikspénsiv] → 명 expense   형

반 cheap

• 한쪽에 진열되어 있는 고급 물건들은 너무 **expensive** 해서 일반인이 구입하기에는 벅차다.(=very high-priced)

medicine [médəsən] → 형 medical   명

• 병원에서 받은 **medicine** 은 어린아이의 손이 닿지 않는 곳에 두어라.(=a substance used in or on the body to treat disease, relieve pain, etc.)

• 그녀는 의사가 처방해 준 **medicine** 을 먹었다.

pride [praid] → 동 pride   숙 명

• 그녀는 그녀의 아들이 올림픽에서 금메달을 딴 것을 사람들에게 **take pride in** 하고 다닌다.(=feel pleased and proud about something good that someone has done)

• 그는 **pride** 가 강해서 어려운 상황에서도 친구들에게 도움을 요청하지 않는다.(=self-respect)

bother [báðər / bɔ́ð-]   동

반 comfort

• 그런 사소한 일로 나를 **bother** 하지 말아라.(=annoy; give trouble to; disturb)

familiar [fəmíljər] → 명 familiarity   형 형

• 내 친구는 우리 집에 자주 오는 편이라서 우리 집 식구들과 **familiar** 하다.(=friendly)

• 야구광인 나의 형은 야구 규칙에 **familiar** 하다. 야구에 대해 모르는 것이 있으면 형에게 물어보면 된다.(=having a good knowledge of)

훔쳐보기

* expensive	• 값비싼	* bother	• 성가시게 하다, 괴롭히다, 방해하다
* medicine	• 약, 의약		
* pride	• take pride in 자랑하다	* familiar	• 친한, 친밀한
	• 자존심		• 훤히 알고 있는, 정통한

mineral [mínərəl]   명
- 지구의 땅 속에 자연적으로 묻혀 있는 구리, 철, 흑연, 석탄 등의 물질을 ***mineral*** 이라고 한다.

promote [prəmóut] → 명 promotion   동 동
- 그는 회사에서 능력을 인정받아 이번에 과장으로 ***promoted*** 되었다.(=advance rank or position)
- 정부는 지방으로 인구분산을 ***promote*** 하기 위해 지방으로 이주하는 사람들에게 많은 혜택을 주기로 결정했다.(=encourage; help something to happen)
- 그들은 신제품의 판매를 ***promote*** 하기 위해 신제품을 일정 기간 동안 할인가격으로 제공하기로 했다.

modern [mádərn / mɔ́d-]   형
  반 antique
- 그 곳에는 오래된 건물들이 모두 사라지고 ***modern*** 한 건물들이 들어섰다.(=of or relating to the present; advanced)

prevent [privént] → 명 prevention   동 동
- 아침의 안개는 운전자들의 시야를 ***prevent*** 했다.(=stop someone from doing something; hinder)
- 시끄러운 음악은 나의 수면을 ***prevent*** 했다.
- 많은 사람들은 마늘이 암을 ***prevent*** 하는 데 효과가 있다고 생각한다.(=stop from happening; avoid)

feast [fi:st]   명
- 왕은 공주의 결혼식때 궁궐에서 ***feast*** 를 베풀었다.(=a large and rich meal; banquet)

훔쳐보기

* mineral	• 광물	* prevent	• 막다, 방해하다
* promote	• 승진시키다		• 예방하다
	• 장려하다, 촉진하다	* feast	• 성찬, 축연
* modern	• 현대의		

산과 강 주위의 사물들 이름

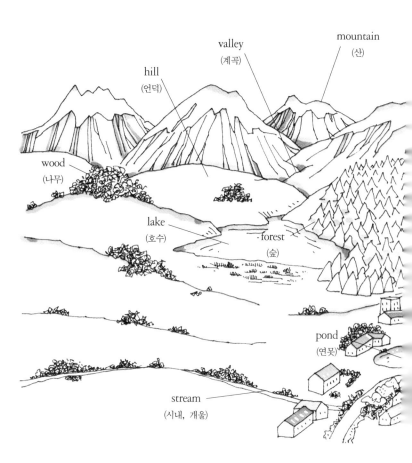

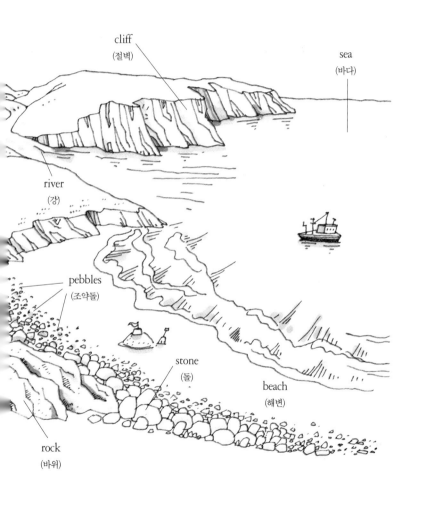

cliff
(절벽)

sea
(바다)

river
(강)

pebbles
(조약돌)

stone
(돌)

beach
(해변)

rock
(바위)

fit [fit] → 图 fitness 图 图
　圉 suit
　• 구두의 크기가 너에게 **fit** 하지 않는다. 다른 것으로 바꾸는 것이
　　좋겠다.(=be or make the right size or shape)
　• 이런 성인물은 어린이들이 읽기에 **fit** 하지 않다.(=suitable)

canal [kənǽl] 图
　• 파나마 **Canal** 은 태평양과 대서양(카리브 해)을 연결시킨다.(=a
　　man-made waterway used by boats or ships)

treat [tri:t] → 图 treatment 图 图
　• 그녀는 우리들을 마치 어린아이처럼 **treat** 한다.(=act or behave
　　toward)
　• 너는 이 도자기를 조심스럽게 **treat** 해야 한다.(=deal with; handle)
　• 이 책은 컴퓨터에 관해서 상세하게 **treat** 하고 있다.

afford [əfɔ́:rd] 图
　• 몇 년 동안 꾸준히 저축했기 때문에 집을 구입할 **afford** 가 있었
　　다.(=have enough money or time to be able to do)
　• 공부 때문에 방학 때 놀러갈 만한 **afford** 가 없다.

compare [kəmpɛ́ər] → 图 comparable, comparative 图 comparison 图 图
　• 네가 번역한 것과 다른 사람이 번역한 것을 **compare** 해 보면 너
　　의 문제점을 알 수 있을 것이다.(=examine similarities and
　　differences)
　• 자동차를 구입하기 전에 여러 종류의 차를 **compare** 해보는 것
　　이 좋다.
　• 그 남자는 자신의 애인을 장미에 **compare** 했다.(=describe as
　　being the same; liken)

훔쳐보기

* fit	• 꼭 맞(게 하)다, 어울리(게 하)다	• 다루다, 취급하다
	• 알맞은, 적합한	* afford • -할 돈(여유)이 있다
* canal	• 운하	* compare • 비교하다
* treat	• -을 대하다, 대우하다	• 비유하다

• 그 소설가는 비행기의 날개를 새의 날개에 ***compare*** 했다.

forgive [fərgív]　　　　　　　　　　　　　　　　　　　　　　[동]

　🈯 pardon

• 그는 마음씨가 좋아서, 네가 그에게 사과한다면 그는 너를 ***forgive*** 할 것이다.(=pardon; stop being angry with)

• 나의 생일을 잊어버린 남편을 결코 ***forgive*** 할 수 없다.

shape [ʃeip]　　　　　　　　　　　　　　　　　　　　　　　　[명][동]

• 저 구름은 마치 토끼의 ***shape*** 을 하고 있다.(=the form or figure of something; outline; appearance)

• 조각가는 커다란 돌을 깎아서 사람의 ***shape*** 으로 만들었다.

• 밤 중에 창문 너머로 무언가 희미한 ***shape*** 이 보였다.

• 그는 찰흙으로 그릇을 ***shape*** 했다.(=give form to; form)

organize [ɔ́ːrɡənàiz] → [명] organization　　　　　　　　[동][동]

• 생각나는 대로 말하는 것 보다 말하기 전에 생각을 ***organize*** 해서 말하는 것이 좋다.(=arrange or place according to a system)

• 도서관에 있는 책들은 분야별로 ***organized*** 되어 있다.

• 우리는 새로운 테니스 동아리(모임)를 ***organize*** 하기로 결정했다.(=establish; form)

curious [kjúəriəs] → [명] curiosity　　　　　　　　　　　[형][형]

• 그 학생은 ***curious*** 해서 모르는 것이 있으면 언제나 알고 싶어한다.(=eager to know or learn)

• 나는 숲속에서 전에 한 번도 보지 못했던 ***curious*** 한 동물을 보았다.(=strange; odd)

overcome [òuvərkʌ́m]　　　　　　　　　　　　　　　　　　[동]

　🈲 submit, yield

훔쳐보기

* forgive	• 용서하다		• 조직하다, 창립하다
* shape	• 형태, 모양, 형상	* curious	• 호기심이 강한
	• 형태를 만들다		• 이상한, 진기한
* organize	• 체계화하다, 정리하다	* overcome	• 이기다, 물리치다, 극복하다

- 초기의 황무지 개척자들은 많은 어려움을 **overcome** 하고 그곳에 정착했다.(= get the better of; defeat; conquer)
- 그 헤비급 세계 챔피언은 어떤 도전자도 쉽게 **overcome** 했다.

contrast [kántræst / kɔ́ntrɑːst]　　　　　　　　　　통 명
- 선생님은 열대지방의 기후와 한대지방의 기후를 **contrast** 하여 설명했다.(= compare in a way that shows the differences)
- 그가 말한 것과 그의 행동 사이에는 커다란 **contrast** 가 있어서, 그의 인격을 의심하지 않을 수 없었다.(= a difference between things which are compared)
- 소설과 그 소설을 영화로 만든 것 사이에는 상당한 **contrast** 가 있다.

frighten [fráitn]　　　　　　　　　　　　　　　　통
- 그 아이는 커다란 개가 갑자기 짖는 소리에 **frightened** 되었다.(= fill with fear; alarm)

method [méθəd]　　　　　　　　　　　　　　　　명
- 생선을 기름에 튀기는 것은 생선을 요리하는 **method** 중의 하나이다.(= a way of doing anything)
- 그는 자신만의 독특한 **method** 로 맡겨진 일을 처리했다.

funeral [fjúːnərəl]　　　　　　　　　　　　　　　명
- 할아버지의 **funeral** 때 많은 사람들이 와서 우리 가족들을 위로해 주었다.(= the ceremonies held when a dead person is buried or cremated)

pardon [páːrdn] → 명 pardon　　　　　　　　통 통
　⑨ forgive
- 그 일에 대해서 사과 드립니다. 그런 나쁜 짓을 한 제 자식을

훔 쳐 보 기			
* contrast	• 대조, 대비하다	* funeral	• 장례식
	• 차이	* pardon	• 용서하다
* frighten	• 겁먹게 하다, 놀라게 하다		• 사면하다
* method	• 방법		

pardon 해 주십시오.(=forgive; excuse)
- 대통령은 국경일에 행실이 좋은 몇 명의 죄수들을 ***pardon*** 했다.(=free from punishment)

exchange [ikstʃéindʒ] → 몡 exchange   통
- 그녀는 어제 산 옷의 색깔이 마음에 들지 않아서, 다른 색깔의 옷으로 ***exchange*** 했다.(=give and receive; trade)
- 그는 옆에 앉아 있는 사람과 자리를 서로 ***exchange*** 했다.

repeat [ripíːt] → 몡 repetition 혱 repetitive   통
- 같은 실수를 ***repeat*** 해서는 안 된다.(=say, write or do again)
- 조금 전에 네가 말한 것을 ***repeat*** 해 주겠니? 나는 네가 한 말을 듣지 못했어.

president [prézidənt]   몡
- 한 나라의 최고 지도자를 ***president*** 라고 부른다.(=the official leader of a country that does not have a king or queen)

stammer [stǽmər]   통
- 소년은 너무 수줍어서 자신이 짝사랑하는 소녀에게 말을 할 때 ***stammer*** 했다.(=speak with pauses and repeated sounds)
- 그는 면접시험 중에 너무 긴장해서 면접관의 질문에 대답할 때 말을 ***stammer*** 했다.

spread [spred] → 몡 spread   통 통
- 그 소문은 순식간에 마을 전체에 ***spread*** 되었다.(=make or become widely known; scatter or become scattered widely)
- 지도를 모든 사람이 볼 수 있도록 테이블 위에 지도를 ***spread*** 했다.(=open out; stretch out)

훔쳐보기

* exchange	・교환하다, 바꾸다	* stammer	・말을 더듬다
* repeat	・반복하다, 다시 (말)하다	* spread	・퍼지다, 전개되다
* president	・대통령		・펴다, 펼치다

avenue [ǽvənjùː]　명
- 그 **avenue** 에는 많은 가로수들이 심어져 있다.(=a wide street)

faint [feint]　형 동
　반 clear, distinct
- 옛 무덤의 묘비에 쓰여 있는 글은 너무 **faint** 해서 잘 보이지 않았다.(=unclear; weak; dim)
- 그녀는 병원으로부터 남편이 사고를 당했다는 전화를 받고 충격을 받아서 그대로 **faint** 해버렸다.(=lose consciousness)

prefer [prifə́ːr] → 명 preference　형 preferable　동
- 나는 바닐라 아이스크림보다 초콜릿 아이스크림을 **prefer** 한다.(=like better)
- 그는 야구 경기장에 자주 가는 것으로 보아 축구보다 야구를 **prefer** 하는 것 같다.

ashamed [əʃéimd]　형
　반 proud
- 그는 다른 친구들은 모두 합격하고 자신만 시험에 떨어진 것을 **ashamed** 했다.(=feeling shame or guilt)

classical [klǽsikəl]　형
- 우리들은 바하, 베토벤, 모차르트 등의 음악을 **classical** 음악이라고 부른다.(=serious and traditional style)

divide [diváid] → 명 division　동 동
　반 join, unite
- 그는 과자와 캔디를 세 명의 아이들에게 똑같이 **divide** 해 주었다.(=separate into parts; share)
- 24를 6으로 **divide** 하면 몫이 4가 되고 나머지는 0이다.(=

훔쳐보기

* avenue	• 거리, 대로	* ashamed	• 부끄러워하는,
* faint	• 희미한, 약한		창피하게 생각하는
	• 기절하다	* classical	• 고전의, 고전음악의
* prefer	• 더 좋아하다	* divide	• 나누다, 분배하다

separate into equal parts by arithmetic)

income [ínkʌm] 　　　　　　　　　　　　　　명

　반 expense

- 내가 한 달 동안 쓴 돈이 이번 달 *income* 보다 많았다. 친구에게 돈을 빌려야겠다.(=money received as salary, wages, interest, etc.)
- 그의 1년 *income* 은 10만 달러 이상이다. 그는 *income* 의 상당한 부분을 주식에 투자했다.

crew [kru:] 　　　　　　　　　　　　　　　　명

- 침몰한 유람선에는 300명의 승객과 20명의 *crew* 가 타고 있었다.(=all the people working on a ship, plane or train)

precious [préʃəs] 　　　　　　　　　　　　　형

　유 valuable, expensive

- 다이아몬드와 같은 *precious* 한 보석들은 가장 안전하게 보관된다.(=of great price or value; expensive)
- 이 낡은 반지가 다른 사람에게는 보잘 것 없는 것일지 모르나, 그녀에게는 매우 *precious* 한 것이다.

current [kə́:rənt, kʌ́r-] → 명 current 　　　　형

- 그녀는 남자 친구가 자주 바뀐다. 어쨌든 그녀의 *current* 남자친구는 유명한 농구선수다.(=belonging to the present time)
- 반도체의 *current* 가격을 알아보니 지난번 보다 많이 떨어졌다.

dash [dæʃ] 　　　　　　　　　　　　　동 동 동

- 소년은 정거장을 떠나려는 버스를 잡으려고 *dash* 했다.(=run fast)
- 강력한 폭풍우는 많은 배들을 바위에 *dash* 하게 해서 배들이 부서졌다.(=throw or knock something on or against)
- 그녀는 화가 나서 접시를 바닥으로 *dash* 했다.(=throw or smash

훔쳐보기

	• 나누다, 나눗셈을 하다	* current	• 현재의
* income	• 수입	* dash	• 빨리 달리다, 돌진하다
* crew	• 선원, 승무원		• 부딪히게 하다
* precious	• 귀중한, 값비싼		• 던지다

with violent force)

produce [prədjúːs] → 몡 product, production 톙 productive   툉
- 우리 회사는 매년 20만 개 이상의 자동차 타이어를 **produce** 해서 그 중 10만 개를 수출하고 있다.(=make or manufacture in large quantities)

impress [imprés]→ 몡 impression 톙 impressive   툉 툉
- 그녀의 뛰어난 피아노 연주는 우리를 **impress** 시켰다.(=have a strong effect on the mind or feelings of)
- 그는 여자 친구에게 멋진 선물을 주어서 그녀를 **impress** 시켰다.
- 그 책은 나에게 건강의 중요성을 **impress** 했다.(=fix firmly in the mind)
- 코치는 우리에게 페어플레이(fair play)의 중요성을 **impress** 시켰다.

effort [éfərt]   몡
- 진흙 속에 빠진 차를 끌어내는 데 상당한 **effort** 이 필요했다.(= the use of physical or mental energy to do something; struggle)
- 담배를 끊으려면 많은 **effort** 이 필요하다.

match [mætʃ]   툉 툉
ⓨ harmonize
- 커튼의 색깔은 내부의 벽지 색깔과 잘 **match** 되었다.(=go well with)
- 포도주에 관해서는 프랑스에 **match** 할 만한 나라는 없다.(=be equal to)

quit [kwit]   툉
- 의사는 환자에게 건강을 회복하기 위해서는 담배 피는 것을 즉

훔쳐보기

* produce	•생산하다, 만들다	* match	•어울리다, 조화되다
* impress	•감동시키다, 감명을 주다		•필적하다, 상대가 되다
	•인상 지우다, 명심하게 하다	* quit	•중단하다, 멈추다
* effort	•노력, 힘, 수고		

시 **quit** 해야 한다고 충고했다.(=stop doing something; cease)

pray [prei] → 명 prayer   동

- 옛날에 비가 오지 않을 때는 모두 한자리에 모여 비를 내리게 해달라고 신에게 **pray** 했다.(기도하다=make a request to a god; speak to God)

insect [ínsekt]   명

- 날개가 있고, 몸이 세 개로 구분되며, 다리가 여섯 개인 동물들, 즉 파리, 벌, 나비, 개미 등을 **insect** 라고 부른다.(=a very small animal, usually three pair of legs and two pair of wings)

share [ʃɛər]   동 동 명

- 사장은 회사에서 벌어들인 이익을 종업원들에게 공평하게 **share** 했다.(=divide and give out in shares)
- 그녀는 아이들이 싸우지 않도록 아이들에게 아이스크림을 똑같이 **share** 했다.
- 새로 이사한 집은 방의 수가 적었기 때문에, 누나가 방을 혼자 사용하고 나와 동생은 방을 **share** 했다.(=use or have together with another or others)
- 우리는 함께 일해서 500달러를 벌었는데, 그 중에 나의 **share** 는 150달러다.(=one's own part of something)
- 그가 사망하자, 그의 자식들은 유산에 대한 각자의 **share** 를 받았다.

realize [ríːəlàiz] → 명 realization   동 동

- 네가 집밖으로 나가봐야 날씨가 얼마나 추운지 **realize** 할 것이다.(=understand; be aware of)
- 그가 50세가 되었을 때, 화학분야에서 노벨상을 받겠다는 어렸을 때의 꿈을 마침내 **realize** 했다.(=make real; cause to become true;

훔쳐보기

* pray	• 기도하다	• 몫, 부분
* insect	• 곤충	* realize • 사실을 깨닫다, 이해하다
* share	• 나누어주다, 분배하다	• 실현하다, 달성하다
	• 함께 사용하다, 공유하다	

accomplish)

bury [béri] → 몡 burial   통 통

- 그들은 장례식을 치르면서 시체를 땅에 ***bury*** 했다.(=put a dead body into the ground or into the sea)
- 강아지는 뼈다귀를 땅에 ***bury*** 했다.(=put something in a hole in the ground and put soil over it)

article [ɑ́:rtikl]   몡 몡

- 미국의 유명한 일간신문에 한국의 어떤 과학자에 관한 ***article*** 이 실렸다.(=a piece of writing on a special subject)
- 어제 신문에서 열차 충돌 사고에 관한 ***article*** 을 읽어봤니?
- 결혼 선물의 대부분은 가정생활과 관련된 ***article*** 이 많다.(=a thing of a certain kind; item)

spot [spɑt / spɔt]   몡 몡

- 파란색의 ***spot*** 이 규칙적으로 박혀 있는 하얀 드레스(=a small part that is different, as in color, from the parts around it)
- 열이 나고 몸에 빨간 ***spot*** 이 생긴 것으로 볼 때, 그 아이는 홍역에 걸린 것 같다.
- 이곳이 대화를 하기에는 가장 조용한 ***spot*** 이다.(=a particular place)

practice [prǽktis] → 통 practice   몡 몡

- 그 야구선수는 수비는 좋지만, 타격이 좋지 않다. 타격 ***practice*** 를 많이 해야 할 것이다.(=doing repeatedly in order to learn or become skilled)
- 그녀는 다음 달에 있는 콩쿠르 대회에 입상하기 위해 하루에 몇 시간씩 피아노 ***practice*** 를 하고 있다.
- 저녁식사를 일찍 하는 것이 우리 집의 ***practice*** 다.(=something

훔쳐보기

* bury	• 묻다, 매장하다	* spot	• 반점, 무늬
	• 묻다		• 장소, 지점
* article	• 기사, 논설	* practice	• 연습
	• 물건, 물품, 품목		• 관례, 관행

done regularly or often; habit or custom)

item [áitəm, -tem] 명 명
- 그 신문의 7페이지에 어제 발생한 강도사건에 관한 **item** 이 있다.(=a piece of news or information)
- 당신이 구입한 각각의 **item** 에 대한 영수증을 보여주세요.(=a single thing, as in a list or group)

attend [əténd] → 명 attendant, attendance, attention 형 attentive 동 동 동
- 전체회원 중에서 8명만 회의에 **attend** 했다.(=be present at)
- 간호원들은 환자들을 정성껏 **attend** 했다.(=take care of)
- 졸지 말고 선생님이 말하는 것에 **attend to** 해라.(=give one's attention)

hardship [há:rdʃip] 명
- 그는 직장을 그만둔 후에 수입이 없어서 재정적인 **hardship** 을 겪고 있다.(=difficulty related to one's living conditions; suffering)

attic [ǽtik] 명
- 잘 사용하지 않는 물건들을 지붕 밑에 있는 **attic** 에다 보관했다.(=a space or room immediately below the roof of a house)

post [poust] 명 동
- 그의 자동차는 고가도로를 지지하고 있는 콘크리트 **post** 에 충돌했다.(=a long, strong piece of wood or other material used as a support)
- 이 소포를 지금 **post** 해야 한다. 그렇지 않으면 그녀의 생일이 지나서 도착할 것이다.(=mail a letter or package)

훔쳐보기

* item	• 한편의 기사, 항목	• 주목하다
	• 항목, 조항, 각각 분류된 물건	* hardship • 고난, 고생
		* attic • 다락방
* attend	• 참석하다	* post • 기둥
	• 보살피다, 돌보나	• 우편으로 보내다

receive [risíːv] → 명 reception, receipt   동

    반 give, offer

- 나는 지난주에 미국에 있는 친구로부터 편지 한 통을 **receive** 했다.(=take something that is offered, given, sent, etc.)
- 그는 친구들로부터 생일 선물로 몇 권의 책을 **receive** 했다.

link [liŋk]   명 동

    유 connect

- 많은 의학자들이 흡연과 폐암 사이에 **link** 가 있다고 얘기했다.(=something that joins or connects)
- 보건복지부에서는 최근에 발생한 식중독을 썩은 바닷고기와 **link** 시켰다.(=join or connect; show or believe that there is a connection between two things)

battle [bǽtl] → 동 battle   명

    유 fight, combat

- 그는 어제 있었던 적군과의 **battle** 에서 총에 맞아 사망했다.(=a fight between two armed forces; any fight or struggle)
- 두 회사는 시장의 주도권을 잡으려고 치열한 **battle** 을 했다.

ability [əbíləti]   명

- 그는 공부를 잘하기 때문에, 복잡하고 어려운 문제를 풀 수 있는 **ability** 가 있다.(=power or skill in mental or physical action)

burden [bə́ːrdn]   명 명

- 코끼리는 힘이 세서 무거운 **burden** 을 운반할 수 있다.(=load)
- 젊은 부부에게는 비싼 집을 사는 것이 경제적으로 큰 **burden** 이 된다.(=difficulty, worry, or responsibility that one must endure)
- 그가 혼자서 5명의 가족을 부양하는 것은 그에게 커다란 **burden** 이 된다.

훔쳐보기

* receive	• 받다, 수령하다	* ability	• 능력, 힘
* link	• 연결, 관련, 유대	* burden	• 짐
	• 연결하다, 관련시키다		• 부담, 책임, 고통
* battle	• 전투, 싸움		

- 노부부는 자식들에게 이렇게 말했다. "난 너희들에게 **burden** 이 되고 싶지 않다."

possible [pásəbəl / pɔ́s-] → 명 possibility　　　　　　　형
　반 impossible
- 그 지역에서 싼 가격으로 방을 구하는 것이 아직도 **possible** 하다.(=capable of existing, happening, or being done)
- 의사는 그의 생명을 살리기 위해 **possible** 한 모든 방법을 써보았다.

separate [sépərèit] → 형 separate 명 separation　　　　　　동
　반 unite
- 경찰은 싸우고 있는 두 사람을 싸우지 못하게 **separate** 해 놓았다.(=set apart; divide into parts)
- 과수원에서 따온 사과 중에서 품질이 좋은 사과를 따로 **separate** 했다.

serious [síəriəs]　　　　　　　　　　　　　　　　　　형 형
- 그녀의 **serious** 한 얼굴 표정은 그것을 열심히 배우겠다는 것을 의미한다.(=thoughtful; solemn; grave)
- 너의 **serious** 한 얼굴 표정을 보니, 뭔가 나쁜 소식이 있는 것 같다.
- 그는 **serious** 한 자동차 사고를 당했다. 사망할 지도 모른다.(=causing worry; dangerous)

magazine [mæ̀gəzíːn]　　　　　　　　　　　　　　　　　명
- 그녀는 매월 발행되는 여성 관련 **magazine** 을 구독하고 있다.(=a small weekly, or monthly, publication that includes news articles, stories, essays, pictures, etc)

훔쳐보기

* possible	·가능한	·심한, 중대한
* separate	·분리하다	* magazine ·잡지
* serious	·진지한, 엄숙한, 심각한	

popular [pɑ́pjələr / pɔ́p-] → 명 popularity　　명 형 형

　㈜ common

- 유럽에서 가장 **popular** 한 스포츠는 축구다.(=well liked)
- 외국에서 들어온 피자, 햄버거, 콜라는 이제 국내에서도 **popular** 한 음식이다.(=liked by many people)

capital [kǽpitl]　　명 명

- 프랑스의 **capital** 은 파리다. 미국의 **capital** 은 워싱턴이다.(=the city in which the government is located)
- 그는 5000만원의 **capital** 로 사업을 시작했다.(=money that is put into a business)

hug [hʌg]　　동

- 오랜만에 만난 두 친구는 보자마자 서로 **hug** 했다.(=hold tightly in the arms; embrace)
- 그 소녀는 가끔 인형을 **hug** 하고 잠을 잔다.

colony [kɑ́ləni / kɔ́l-] → 형 colonial　　명

- 18-19세기에 아프리카의 많은 나라들이 영국과 프랑스의 **colony** 였다.(=a land that is ruled or controlled by a foreign power)
- 1910년부터 1945년까지 한국은 일본의 **colony** 였다.

position [pəzíʃən]　　명 명

- 오랜만에 집에 와보니 가구의 **position** 이 바뀌었다. 책장이 이곳에 있었는데, 저쪽으로 옮겨졌다.(=a location)
- 네가 어디에 있는지 모른다면 이 지도를 보아라. 그러면 지금 네가 있는 **position** 을 찾을 수 있다.
- 그녀는 사회에서 여성의 **position** 을 향상시키는 데 많은 공헌을 했다.(=a rank among others)

훔쳐보기

* popular	• 인기있는	* hug	• 포용하다, 껴안다
	• 대중적인	* colony	• 식민지
* capital	• 수도	* position	• 위치, 장소
	• 자본		• 지위, 신분

matter [mǽtər]　　　　　　　　　　　　　명 명 명 동

- 놀러가기 전에 토의해야 할 중요한 **matter** 가 있다.(=a subject of interest or concern)
- 그녀가 방의 한 구석에서 울고 있다. 그녀에게 어떤 **matter** 가 발생한 것 같다.(=a problem; difficulty; trouble)
- 우주를 구성하고 있는 **matter** 들은 매우 다양하다.(=material; substance)
- 나는 지난 시험 성적이 좋지 않았기 때문에 이번 시험이 나에게 는 매우 **matter** 하다.(=be important)

situation [sìtʃuéiʃən]　　　　　　　　　　　　　　　　명

- 각국의 지도자들이 모여서 중동의 현재 **situation** 에 대해 논의했 다.(=a position or condition at the moment)
- 그녀는 어려운 **situation** 에 놓여 있어서 누군가의 도움을 필요로 했다.
- 어떤 **situation** 에서는 말을 적게 하는 것이 너에게 이익을 가져 다준다.

mean [mi:n]　　　　　　　　　　　　　　　　　　　형 형 동

　반 gentle, kind

- 그런 **mean** 한 속임수를 쓰다니 정말 너한테 실망했다.(=unkind; rude; unpleasant)
- 그들은 **mean** 하고 조그만 집에서 화려하고 커다란 집으로 이사 했다.(=poor in appearance or of low social position; humble)
- 교통신호등의 빨간 불은 멈춤을 **mean** 한다.(=be a sign of; indicate)

equipment [ikwípmənt] → 동 equip　　　　　　　　명

- 캠핑하는 데 필요한 **equipment** 로 텐트, 슬리핑백 등이 있다.(=

훔쳐보기

* matter	・문제, 일, 사건	* mean	・비열한, 불친절한
	・어려움, 곤란		・초라한, 천한, 보잘것없는
	・물질, 물체		・의미하다
	・중요하다	* equipment	・장비, 비품
* situation	・상태, 상황, 처지, 위치		

the things needed for some special purpose)
- 그는 골프채, 테니스라켓, 스케이트 등의 스포츠 *equipment* 를 갖고 있다.

talent [tǽlənt]   명

- 그는 그림에 뛰어난 *talent* 를 갖고 있다. 그의 그림은 매우 비싼 값에 팔리고 있다.(=a natural skill or ability)
- 그녀가 음악을 포기한다면, 그녀의 음악적 *talent* 가 아까울 것이다.

communicate [kəmjúːnəkèit] → 명 communication   동 동

- 다른 사람의 술잔으로 술을 마시는 경우에 그 질병은 *communicated* 될 수 있다.(=transmit)
- 청소년들은 종종 그들의 부모와 *communicate* 하기가 힘들다고 말한다.(=understand one another)

error [érər]   명

ⓢ mistake
- 그 사고는 기계가 아니라 사람의 *error* 에 의해 일어난 것이다.(=something that is incorrect or wrong; a mistake)

mercy [mə́ːrsi] → 형 merciful   명

- 장군은 전쟁에서 잡힌 포로들에게 *mercy* 를 베풀어서 포로들을 모두 석방했다.(=kindness or forgiveness shown toward someone whom you punish)

challenge [tʃǽlindʒ]   동 명

- 나는 반에서 가장 달리기를 잘하는 친구에게 달리기 시합을 *challenge* 했다.(=call to take part in a fight or contest)
- 그는 친구에게 자전거 경주를 *challenge* 했다.

훔쳐보기

* talent	• 재능, 재주	* error	• 잘못, 실수
* communicate	• 옮기다, 전달하다	* mercy	• 자비, 관용
	• 의견 등을 나누다, 의사 소통히다	* challenge	• 도전하다, 경기를 제의하다 • 도전

- 그는 달리기 시합을 하자는 친구의 **challenge** 를 받아들였다.(= the act of challenging)

prime [praim] 형 명

- 그녀의 **prime** 한 관심사는 직장을 구하는 것이다.(=first in rank or importance; main)
- 그 축구선수는 작년에 이어 올해에도 최우수선수로 뽑혔다. 그는 요즘 **prime** 을 맞이하고 있다.(=the best or most active period in the life of a person)

warn [wɔːrn] → 명 warning 동

- 변호사는 그에게 사람들 앞에서는 어떤 말도 하지 말 것을 **warn** 했다.(=advise to be careful; tell of a danger)
- 나는 그에게 부상이 심하니 경기를 하지 말 것을 **warn** 했다.

vegetable [védʒətəbəl] 명

- 고기를 먹을 때는 **vegetable** 과 함께 먹는 것이 좋다.(=a plant grown for food)
- 우리는 감자, 양파, 당근, 상추 등의 **vegetable** 을 재배한다.

tempt [tempt] → 명 temptation 동

- 그는 시험에서 좋은 성적이 나올 수 있다고 하면서 부정행위를 하자고 나를 **tempt** 했으나, 나는 그의 꾐에 넘어가지 않았다.(= (try to) persuade to do something wrong or foolish)

correct [kərékt] 형 형 동 동

반 wrong

- 성적이 우수한 그 학생은 선생님의 질문에 대해 언제나 **correct** 한 답을 얘기했다.(=right; accurate)
- 그녀는 길에서 주은 지갑을 주인에게 돌려주었다. 그렇게 하는

훔쳐보기

* prime	• 가장 중요한, 최상의 • 전성기	* tempt	• 나쁜 짓을 하도록 유혹하다, 충동하다
* warn	• 경고하다, 주의하다	* correct	• 정확한
* vegetable	• 야채, 채소		• 올바른, 알맞은

것이 *correct* 한 것이라고 생각했기 때문이다.(=agreeing with what is thought to be proper)

- 선생님은 학생들이 제출한 숙제에서 철자가 틀린 부분을 *correct* 했다.(=mark the errors in)
- 답안지를 제출하기 전에 검토해서 틀린 부분이 있으면 *correct* 해서 제출해야 한다.(=make right; remove the mistakes from)

support [səpɔ́:rt] → 몡 support   동 동 동

- 커다란 기둥 4개가 지붕을 *support* 하고 있다.(=hold up; bear the weight of)
- 그녀는 *support* 해야 할 동생들이 있다. 그래서 돈을 많이 벌어야 하기 때문에 두 가지 일을 해야만 했다.(=earn a living for; provide for)
- 그는 자신의 주장을 *support* 하기 위하여 몇 가지 예를 들었다.(=show to be true; back up)

costume [kástju:m / kɔ́s-]   몡

- 그는 핼로윈(Halloween) 파티에 18세기의 *costume* 을 하고 참석했다.(=clothing worn at a certain time or place or for a certain purpose)
- 학교 축제 때 공연을 하는 학생들은 모두 화려한 *costume* 을 하고 무대에 나왔다.

terrible [térəbəl]   형 형

- 그 비행기 사고는 수백 명이 사망한, *terrible* 한 사고였다.(= causing great fear; dreadful; horrible)
- 그 호텔은 내가 가보았던 호텔 중에서 가장 *terrible* 했다. 다시는 그 호텔에 가지 않을 것이다.(=severe; very bad)

훔쳐보기

* support	• 지적하다 • 고치다 • 지탱하다, 지지하다 • 부양하다, 먹여 살리다 • 뒷받침하다

* costume   • 복장, 옷차림
* terrible   • 끔찍한, 엄청난
           • 매우 나쁜, 지독한, 형편없는

introduce [ìntrədʤúːs] → 명 introduction   동
- 나는 그에게 여자 한 명을 ***introduce*** 했는데 그 둘은 1년 후에 결혼했다.(=make known by name)

sweat [swet] → 동 sweat   명
- 장거리를 뛰고 난 운동선수의 이마에 ***sweat*** 이 맺혔다.(=the liquid that comes out of your skin when you are hot or ill)

tomb [tuːm]   명
- 이집트의 피라미드는 죽은 왕들의 ***tomb*** 이다.(=a grave or structure for holding a dead body)

disappoint [dìsəpɔ́int] → 명 disappointment   동
  반 satisfy, please
- 네가 시험에 떨어진다면 너의 부모님을 ***disappoint*** 할 것이다.(= fail to satisfy the hopes or wishes of)
- 나는 그녀와 데이트를 한다는 생각에 너무 기뻤다. 그러나 그녀가 데이트 약속을 취소했을 때, 나는 ***disappointed*** 되었다.

splendid [spléndid]   형 형
- 그는 옛날에 왕이 살았던 ***splendid*** 한 궁전을 보고 매우 감탄했다.(=very beautiful or impressive; magnificent; brilliant)
- 오늘 본 발레 공연은 ***splendid*** 해서, 평생 잊지 못할 것이다.
- 그가 말한 것은 정말 ***splendid*** 한 생각이다. 우리는 모두 그의 말을 따르기로 했다.(=very good; excellent)

tiny [táini]   형
  반 large, huge
- 그 물질은 매우 ***tiny*** 해서 눈으로는 잘 보이지 않는다. 현미경이 필요할 것이다.(=very small; minute)

훔쳐보기

* introduce	· 소개하다	* splendid	· 웅대한, 호화로운, 훌륭한
* sweat	· 땀		· 멋진, 근사한
* tomb	· 무덤, 묘	* tiny	· 매우 작은, 미세한
* disappoint	· 실망시키다		

- 멀리서 언뜻 보면 아무 것도 없는 것 같지만, 나무에 가까이 가 보면 **tiny** 한 곤충들을 많이 볼 수 있다.

opinion [əpínjən]　　　　　　　　　　　　　　　　　　　　명
- 그 문제를 객관적인 시각으로 보려면 다른 사람들의 **opinion** 도 들어봐야 한다.(=a belief based on what one thinks or feels)

chief [tʃi:f]　　　　　　　　　　　　　　　　　　　　형 명
- 아프리카 보츠와나 국가의 **chief** 한 수출 품목은 다이아몬드 다.(=most important)
- 그 나라의 **chief** 한 농산물은 쌀이다.
- 그가 골동품을 팔기로 결정을 내린 **chief** 한 이유는 돈 때문이다.
- 새로 부임한 경찰서의 **chief** 은 젊은 사람이다.(=the head or leader of some group)
- 그 부족의 **chief** 은 가장 나이가 많은 사람이다.

succeed [səksí:d] → 명 success, succession 형 successful, successive

　　　　　　　　　　　　　　　　　　　　　　　　　동 동

반 fail, precede
- 그는 담배를 끊으려고 수차례 노력한 끝에, 마침내 금연에 **succeed** 했다.(=manage to achieve what you want)
- 알파벳 C는 알파벳 B에 **succeed** 한다.(=come next after; follow)

sorrow [sárou, sɔ́:r-] → 동 sorrow　　　　　　　　　　명
- 친구의 죽음은 우리들에게 커다란 **sorrow** 를 안겨 주었다.(= sadness; grief)

press [pres] → 명 pressure　　　　　　　　　　　　　동
- 대문 옆에 있는 벨을 **press** 하면 '딩동' 소리가 날 것이다.(=push steady against)

홈쳐보기

* opinion	• 의견, 견해, 생각		• 이어지다, 뒤에 오다
* chief	• 가장 중요한	* sorrow	• 슬픔, 불행
	• 조직, 단체의 우두머리	* press	• 누르다
* succeed	• 성공하다, 성취하다, 이루다		

amount [əmáunt]　　　　　　　　　　　　**명 통**
- 이곳에 진열되어 있는 음식에는 설탕이 거의 포함되지 않았다. 설탕이 포함되었다 하더라도 아주 작은 ***amount*** 가 들어 있을 뿐이다.(=quantity)
- 그의 빚은 수십 억에 ***amount*** 한다. 결국 그의 집은 경매당하고 말았다.(=add up; total)

parcel [páːrsəl]　　　　　　　　　　　　**명**
- 그녀의 생일날, 그녀는 우체부 아저씨로부터 몇 개의 카드와 ***parcel*** 을 받았다.(=a small, wrapped package)
- 나는 크리스마스 선물을 담은 ***parcel*** 을 우편으로 부모님에게 보냈다.

devote [divóut] → **명** devotion　　　　　　　**통**
- 그는 장애인을 돕는 데 평생을 ***devote*** 했다.(=give one's time completely to some person, purpose or activity)
- 그는 집에 있는 많은 시간을 정원을 가꾸는 데 ***devote*** 하고 있다.
- 그는 연구실에서 역사 연구에 ***devote*** 하고 있다.

suburb [sʌ́bəːrb]　　　　　　　　　　　　**명**
- 그녀는 혼잡한 도시보다는 도시에서 몇 km 떨어져 있는 ***suburb*** 에서 살기를 원한다.(=a town or district that is close to a city)

drag [dræg]　　　　　　　　　　　　**통 통**
ⓤ pull, draw
- 의자를 ***drag*** 하지 말아라. 의자를 ***drag*** 하면 마루바닥에 흠집이 나니, 의자를 들어서 옮겨라.(=pull slowly a heavy thing; pull with difficulty)
- 그녀의 코트는 길어서 땅에 ***drag*** 했다.(=be pulled along the

<hr>
훔쳐보기

* amount	• 양, 액수	몰두하다
	• -에 달하다, 에 이르다	* suburb　• 근교, 교외
* parcel	• 꾸러미, 소포	* drag　• 끌다, 당기다
* devote	• 할애하다, 전념하다,	• 질질 끌다, 끌리다

ground, floor, etc.)

recommend [rèkəménd] → 명 recommendation   동
- 다음 주에 영화를 보러갈 예정입니다. 좋은 영화 있으면 **recommend** 해주세요.(=praise as being worthy)

experience [ikspíəriəns]   명 동
- 그 젊은 교사는 장난이 심한 아이들을 다루어 본 **experience** 가 없다.(=the knowledge or skill gained from work or practice)
- 전쟁을 실제로 **experience** 하기 전에는 전쟁이 어떤 것인지 잘 모른다.(=live through; undergo; feel)

pretend [priténd] → 명 pretense   동
- 그는 아프지 않으면서도 아픈 **pretend** 했다.(=make a false appearance of; make believe)
- 그녀는 실제로 울지 않았다. 다만 우는 **pretend** 했을 뿐이다.

dig [dig]   동
- 그는 땅 속에 묻혀 있는 보물을 찾기 위해 삽으로 땅을 **dig** 했다.(=break up, turn over, or remove earth; make a hole)
- 그들은 산을 통과하는 터널을 만들기 위해 거대한 장비를 이용하여 산을 **dig** 하기 시작했다.

subject [sʌ́bdʒikt] → 동 subject 형 subject   명 명
- 시험에 대한 얘기는 짜증이 난다. 이야기의 **subject** 을 바꿨으면 좋겠다.(=the person or thing discussed, examined, considered, painted, etc.)
- 과학은 내가 가장 좋아하는 **subject** 이다.(=a course or field of study)

훔쳐보기

* recommend	• 추천하다	* dig	• 땅을 파다, 구멍을 뚫다
* experience	• 경험, 지식	* subject	• 주제, 논제
	• 경험하다		• 과목, 학과
* pretend	• -척 하다, -체 하다		

tragedy [trǽdʒədi] → 형 tragic   명 명

　　반 comedy

- 셰익스피어의 4대 **tragedy** 는 《햄릿》, 《오셀로》, 《리어왕》, 《맥베드》다.(=a serious play with a sad ending)

- 학생들이 가정형편 때문에 학교를 그만둔다는 것은 정말 **tragedy** 다.(=a sad or terrible event; disaster)

vision [víʒən] → 형 visible   명 명

- 그녀는 **vision** 이 나쁘기 때문에, 안경을 끼거나 렌즈를 사용해야 한다.(=eyesight; the sense or power of sight)

- 정치 지도자는 뛰어난 **vision** 을 가진 사람이어야 한다. 그런 사람만이 미래를 예측할 수 있기 때문이다.(=the ability to imagine the future; foresight)

splash [splǽʃ] → 명 splash   동

- 그는 잠을 깨기 위해 찬물을 자신의 얼굴에 **splash** 했다.(=fly about in drops make wet)

- 자동차가 물웅덩이를 빠른 속도로 지나가면서, 옆에 있던 사람들에게 더러운 물을 **splash** 했다.

respect [rispékt] → 형 respectful, respectable   동 명

　　반 disrespect

- 그 정치인은 한 점 부끄럼 없이 정직하고 성실하게 살아왔기 때문에, 국민들이 그를 **respect** 하고 있다.(=feel or show honor for; think highly of)

- 그는 70세가 될 때까지 줄곧 정직하게 살아왔기 때문에 마을 사람들로부터 **respect** 을 받고 있다.(=a feeling of honor or esteem)

- 나라를 지키다 전사한 사람들에 대한 **respect** 의 표시로 1분간 묵념했다.

훔쳐보기

* tragedy	• 비극(희곡의 장르)	* splash	• 액체가 튀다, 액체를 튀기다, 뿌리다
	• 비극		
* vision	• 시력	* respect	• 존경하다
	• 통찰력, 예견력		• 존경, 경의

prosper [práspər / prɔ́s-] → 휑 prosperous   통
- 사업이 잘 안돼서 사업장의 위치를 그 쪽으로 옮겼더니, 그 때부터 그의 사업은 **prosper** 하기 시작했다.(=be successful; thrive)

ordinary [ɔ́:rdənèri / ɔ́:dənri]   휑
- 윤 usual, common, normal   반 extraordinary
- 그는 특별히 똑똑하지도 않고, 어리석지도 않다. 그는 **ordinary** 한 학생이다.(=average; common)

protect [prətékt] → 휑 protection   통
- 그녀는 자외선으로부터 피부를 **protect** 하기 위해 크림을 피부에 발랐다.(=defend against harm or loss; shield)
- 각종 오염물질로부터 우리의 환경을 **protect** 해야 한다.

library [láibrèri, -brəri]   명
- 그 대학교의 학생이면 누구나 **library** 에서 책을 빌릴 수 있다.(= a room or building where a collection of books is kept)
- 우리 학교의 **library** 에는 상당히 많은 양의 책이 소장되어 있다.

structure [strʌ́ktʃər]   명 명
- 단백질의 **structure** 는 매우 복잡하다.(=the way that the parts of something are put together or organized)
- 그 문장의 **structure** 를 살펴보면, 주어가 동사 뒤에 있음을 알 수 있다.
- 이 도서관은 벽돌과 콘크리트로 만들어진, 매우 단단한 **structure** 다.(=something that has been built; a building)

fortunate [fɔ́:rtʃənit] → 명 fortune   부 fortunately   휑
- 윤 lucky   반 unfortunate
- 아무런 부상 없이 그 사고를 피할 수 있었으니 우리는 정말

fortunate 하다.(=lucky)

- 지나가는 사람이 물에 빠진 그 소녀를 발견한 것은 그 소녀에게는 ***fortunate*** 했다. 그렇지 않았으면 익사했을지도 모른다.

thick [θik]   혱

⊕ thin

- 이 벽은 ***thick*** 해서 추운 겨울에도 바람이 집안으로 들어오지 않는다.(=great in width or depth from one surface to the opposite surface)
- 얼음이 ***thick*** 하기 때문에 그 위에서 놀아도 안전하다.

quarrel [kwɔ́ːrəl, kwár-]   통

- 형제들은 돈 문제로 심하게 ***quarrel*** 했다.(=argue very angrily)
- 두 친구는 심하게 ***quarrel*** 한 후에 3달 동안 서로 말도 하지 않았다.

effect [ifékt] → 혱 effective 통 effect   명 ⊛ 명

⊕ cause

- 광고의 ***effect*** 은 곧 판매의 증가로 나타날 것이다.(=a result caused by something; a consequence)
- 새로운 규정이 적용되기 전까지 그 규정은 ***in effect*** 하다.(= active; operative)
- 공기를 맑게 하기 위하여 자동차와 공장의 매연을 단속하는 법이 만들어졌지만, 아무런 ***effect*** 이 없었다.(=an influence)

license [láisəns]   명 통

- 그는 어제 운전 ***license*** 를 발급 받아서, 드디어 자동차를 운전할 수 있게 되었다.(=an official paper that shows you are allowed to do or have something)
- 정부는 몇몇 회사에게만 맥주를 제조할 수 있도록 ***license*** 했다.(=permit by law; authorize)

훔쳐보기

* thick	• 두꺼운	
* quarrel	• 말다툼하다	* license
* effect	• 결과	
	• in effect 유효한	

• 효과, 효능
• 면허
• 허가하다, 면허를 주다

strict [strikt] 　　　　　　　　　　　　　　　[형]

- 그는 자녀들에게 매우 **strict** 해서, 자녀들이 밤늦게 들어오거나 규칙을 어기는 것을 허락하지 않는다.(=not allowing people to break rules or behave badly)

appearance [əpíərəns] → [동] appear 　　　　[명] [명]

- 사람을 판단할 때, **appearance** 만으로 판단하지 말아라.(=the way a person or thing looks)
- 그는 자신감에 찬 **appearance** 를 보여주었지만, 실제로는 그렇지 않았다.
- 강가에서 열린 음악회에 악어의 갑작스런 **appearance** 는 모두를 놀라게 했다.(=act of appearing)

vacation [veikéiʃən, və-] 　　　　　　　　　　[명]

- 여름 **vacation** 동안 유럽으로 놀러갈 예정이다.(=a time period away from work or one's regular activities)
- 우리 회사는 1년에 2주의 **vacation** 을 준다. 그 **vacation** 기간에 미국으로 여행갈 예정이다.

desert [dezə:rt, dizə́:rt] 　　　　　　　　　　　[동]

- 그는 그의 아내와 자식을 **desert** 하고 다른 여자에게 가버렸다.(=abandon; leave completely)

strength [streŋkθ] → [형] strong 　　　　　　[명]

　[반] weakness

- 할머니는 그 무거운 책상을 혼자서 옮길 만한 **strength** 가 없다.(=the quality of being strong; power)

examination [igzǽmənéiʃən] → [동] examine 　[명] [명]

　[유] exam

훔쳐보기

* strict	• 엄격한, 엄한	* desert	• 버리다
* appearance	• 외관, 겉모습	* strength	• 힘, 파워
	• 출현, 나타남	* examination	• 시험, 테스트
* vacation	• 휴가, 방학		• 조사, 검사

- "어제 있었던 수학 *examination* 잘 봤니?" "너무 어려워서 점수가 나쁠 것 같다."(=a test of one's knowledge)
- 그 다이아몬드에 대해 정밀한 *examination* 을 한 결과, 모조품이라는 것이 밝혀졌다.(=an inspection; analysis)

pet [pet]   명
- 사람들이 기르는 *pet* 중에서 강아지와 고양이가 가장 많다.(=an animal that is kept for companionship or amusement)

athlete [ǽθliːt]   명
- 올림픽에 참가한 *athlete* 들은 도핑테스트를 받는다. 만약 약물을 복용한 사실이 드러나면 처벌을 받는다.(=a person who is trained in or has a natural talent for exercises and sports)

excite [iksáit] → 명 excitement   동
- 9회말 2사 후에 터진 극적인 동점 홈런은 홈 관중들을 *excite* 했다.(=cause strong feeling; stir up)
- 유명 밴드가 연주를 하기 시작하자, 청중들은 *excited* 되었다.

colorful [kʌ́lərfəl] → 명 color   형
- 요즘 나오는 어린이 책들은 커다란 글씨와 *colorful* 한 그림들로 채워져 있다.(=full of color)

storm [stɔːrm] → 동 storm 형 stormy   명
- 그 배는 갑자기 발생한 *storm* 으로 인하여 전복되었다.(=strong winds together with rain or snow)

resource [ríːsɔːrs, -zɔːrs, risɔ́ːrs, -zɔ́ːrs]   명
- 러시아는 석유, 광물과 같은 천연 *resource* 가 풍부하다.(=something that a person or country has or can use)
- 내가 얻고 있는 정보의 주된 *resource* 는 신문이다.

훔쳐보기

* pet	• 애완동물	* colorful	• 색채가 다양한, 화려한
* athlete	• 운동선수	* storm	• 폭풍우
* excite	• 흥분시키다	* resource	• 자원

퍼즐게임

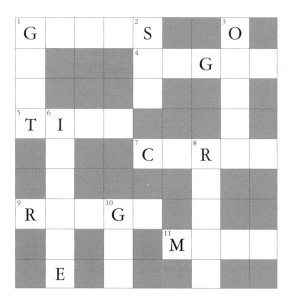

Across(가로 열쇠)

1. 판단을 내리다, 의견을 말하다(give an answer or opinion something about without many facts)
추측으로 맞추다(give the correct answer when you are not sure about it)
추측하다, 생각하다(think; suppose)
4. 화가 난, 성난(feeling or showing anger)
5. 매우 작은, 미세한(very small; minute)
7. 운반하다, 나르다(take from one place to another)
9. 거친, 울퉁불퉁한(not smooth; uneven)
대강의(not exact; approximate)
11. 가장 중요한, 주된(most important; chief)

Down(세로 열쇠)

1. 선물(something given; a present)
재능(a special natural ability)
2. 슬픈(unhappy; having or showing sorrow or grief)
3. 명령, 지시(a command; a direction)
순서, 차례(an arrangement of things one after another)
주문하다(ask for something one wants)
6. 무시하다(pay no attention to)
8. 긴장을 풀다, 완화하다(make or become less firm, stiff or tight)
10. 총, 권총(a weapon that is used for shooting)

우리 몸 각 부위

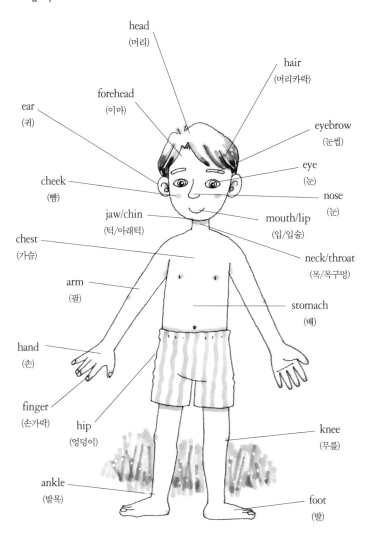

head
(머리)

hair
(머리카락)

forehead
(이마)

eyebrow
(눈썹)

ear
(귀)

eye
(눈)

nose
(눈)

cheek
(빰)

jaw/chin
(턱/아래턱)

mouth/lip
(입/입술)

chest
(가슴)

neck/throat
(목/목구멍)

arm
(팔)

stomach
(배)

hand
(손)

finger
(손가락)

hip
(엉덩이)

knee
(무릎)

ankle
(발목)

foot
(발)

spirit [spírit] → 형 spiritual   명

- 그 종교 지도자는 죽었지만, 그의 **spirit** 은 사람들의 가슴 속에 남아 있다.(=the soul)

bleed [bli:d] → 명 blood   동

- 그는 축구공에 얼굴을 맞아 코에서 **bleed** 했다. 친구들이 솜으로 그의 코를 막았다.(=loose blood)
- 손가락을 칼에 베이는 바람에 손에서 **bleed** 하고 있다.

vain [vein]   형 형

- 우리는 산의 정상에 오르려고 몇 번이나 노력했지만, 나쁜 날씨 때문에 모두 **vain** 한 시도가 되고 말았다.(=useless; not successful)
- 그녀는 자신의 외모에 대해 **vain** 해서, 사람들은 그녀가 공주병에 걸렸다고 생각한다.(=too proud)

rub [rʌb]   동 동

- 그는 창문을 부드러운 천으로 **rub** 했다.(=press something against a surface and move it back and forth)
- 거친 표면이 매끄러워 질 때까지 샌드페이퍼(sandpaper)로 표면을 **rub** 했다.
- 그녀는 세수하고 난 후에 로션(lotion)을 손과 얼굴에 **rub** 했다.(=spread on by rubbing)
- 광택을 내려고 자동차에 왁스를 **rub** 했다.

rude [ru:d]   형

- 반 polite, courteous
- 다른 사람(특히 어른)이 말하고 있을 때, 말을 가로막고 끼어드는 것은 **rude** 한 행동이다.(=not polite; without respect for others)

훔쳐보기

* spirit	• 정신, 영혼, 마음	* rub	• 닦다, 문지르다
* bleed	• 피를 흘리다		• 문질러 바르다
* vain	• 헛된, 쓸모 없는	* rude	• 무례한, 버릇없는
	• 자만심이 강한, 몹시 뽐내는		

social [sóuʃəl] → 몡 society 혬 혬 혬
- 도시의 주택문제, 실업문제 등 많은 **social** 한 문제들이 쉽게 해결되지 않고 있다.(=of or having to do with people and society)
- 개미와 벌은 혼자 살지 않는, **social** 한 곤충이다.(=living in a group)
- 그녀는 테니스, 골프 등 **social** 한 활동을 좋아해서, 많은 사람들을 알고 지낸다.(=liking to be with others; friendly)

awful [ɔ́:fəl] → 몡 awe 혬
- 저 쓰레기 더미에서 **awful** 한 냄새가 난다. 정말 참기 어렵다.(=very bad; unpleasant)
- 이번 여행은 온종일 교통지옥에 시달렸던 **awful** 한 여행이었다.

complain [kəmpléin] → 몡 complaint 톰
- 아침에 일찍 일어나는 것에 대해 그렇게 **complain** 하지 말아라. 너보다 더 일찍 일어나는 사람도 있다.(=express pain or dissatisfaction)
- 우리들은 음식점의 주인에게 음식이 형편없다고 **complain** 했다.

stick [stik] 톰 톰 톰
- 그녀는 바느질을 하다가 실수로 자신의 손가락을 바늘로 **stick** 했다.(=pierce with a pointed object)
- 껌이 내 구두 바닥에 **stick** 했다.(=be and remain attached)
- 실현가능성이 없는 계획을 계속 **stick to** 하는 것은 미련한 짓이다.(=refuse to leave or change)

fasten [fǽsn, fáːsn] 톰 톰
- 반 loose
- 그는 벽에다 선반을 **fasten** 했다.(=attach firmly)

훔쳐보기

* social	• 사회적(인)		불만(고통)을 표시하다
	• 무리를 지어 생활하는	* stick	• 찌르다
	• 사교적인, 친목의		• 달라붙다, 움직이지 못하다
* awful	• 지독한, 몹시 나쁜		• 고집하다, 집착하다
* complain	• 불평하다,	* fasten	• 부착하다, 단단히 붙이다

- 승용차의 앞좌석에 탈 때에는 안전벨트를 **fasten** 해야 한다.(=fix firmly; close)
- 날씨가 추워지자 그녀는 코트의 단추를 **fasten** 했다.

creep [kri:p]　　　　　　　　　　　　　　　　　　　　　　　통
- 아기들은 걷기 전에 엉금엉금 **creep** 한다.(=crawl; move with the body close to the ground)

independence [ìndipéndəns] → 형 independent　　　　　명
　　(반) dependence
- 미국은 1776년에 영국으로부터 **independence** 를 얻었다.(= freedom from the control of others)

concern [kənsə́:rn] → 명 concern　　　　　　　　　　통 통
　　(유) relate to, involve
- 탐정은 몇몇 정치인이 최근의 뇌물 사건과 **concerned** 되었다고 판단했다.(=be about; have to do with)
- 그는 아직도 힘든 일을 하고 있는 어머니의 건강에 대해 **be concerned** 하고 있다.(=be worried or anxious)

steep [sti:p]　　　　　　　　　　　　　　　　　　　　　　　형
- 언덕이 너무 **steep** 해서 자전거로 올라가기가 어렵다.(=slanting sharply up or down)

fix [fiks]　　　　　　　　　　　　　　　　　　　　　　　통 통
- 벽의 알맞은 위치에 못을 박아서 선반을 **fix** 했다.(=attach or fasten firmly)
- 그는 기둥을 땅에 단단히 **fix** 했다.
- 나는 부서진 의자를 **fix** 해서 다시 사용하고 있다.(=repair)

훔쳐보기

	• 고정하다, 매다, 잠그다		• 걱정하다
* creep	• 기다	* steep	• 가파른, 험준한
* independence	• 독립, 자유	* fix	• 고정시키다
* concern	• 관련하다, 관계하다		• 수리하다

skin [skin] 명 명

- 그녀의 *skin* 은 하얀 색이었는데, 강렬한 태양에 노출되어 벌겋게 되었다.(=the natural outer covering of a human or animal body)
- 그는 칼로 감자의 *skin* 을 벗겨 냈다.(=the natural outer covering of some fruits or vegetables)

local [lóukəl] → 명 local 동 localize 형

- 그 노래가 처음 방송된 것은 전국 방송이 아니라 *local* 방송이었다.(=having to do with one place)
- 중소도시에 대형 할인점이 등장하면, 소규모의 *local* 상점들은 문을 닫을 것이다.

pleasure [pléʒər] → 동 please 명

⑲ pain, discomfort

- 그를 다시 보는 것만으로도 나에게는 큰 *pleasure* 다.(= enjoyment; feeling of happiness)
- 자식과 손자의 방문은 할아버지에게 커다란 *pleasure* 를 가져다 주었다.

conduct [kándʌkt / kɔ́n-] 명 동 동 동

- 그 죄수는 1년 동안 모범적인 *conduct* 을 함으로써 예상보다 일찍 교도소를 나올 수 있었다.(=behavior)
- 네가 한 *conduct* 은 학생으로서 적합한 것이 아니었다.
- 관광가이드는 우리를 미술박물관으로 *conduct* 했다.(=guide; lead)
- 플라스틱은 전기를 *conduct* 못하지만 금속은 전기를 *conduct* 한다.(=serve as a channel for heat or electricity)
- 그는 오랜 연주자 생활을 거치고 난 후, 드디어 오케스트라를 *conduct* 했다.(=direct an orchestra or a band)

훔 쳐 보 기

* skin	• 피부	* conduct	• 행동, 행위
	• 껍질		• 안내하다, 이끌다
* local	• 지역의, 지방의		• 전도하다
* pleasure	• 기쁨, 즐거움		• 지휘하다

steal [sti:l] 통

- 도둑은 그의 서랍에서 돈을 **steal** 했다.(=take away unlawfully)
- 그는 그녀의 자전거를 **steal** 해서 갖고 달아났다.

fortune [fɔ́:rtʃən] → 형 fortunate 명 명 명

- 그는 그의 아버지가 사망했을 때, 막대한 **fortune** 을 물려받았다.(=a large amount of money; wealth)
- 점술가는 미래의 나의 **fortune** 에 대해서 얘기해 주었다.(=one's future; fate)
- 그녀는 나의 손금을 보고 나의 **fortune** 에 대해 얘기해 주었다.
- 그녀는 그곳에 머무는 동안 유명 연예인을 많이 만날 수 있는 **fortune** 을 얻었다.(=luck; chance)

skill [skil] → 형 skillful 명

- 그녀는 매우 뛰어난 음악적 **skill** 을 갖고 있다.(=the ability to do something well)
- 이 작업은 누구나 할 수 있다. 특별한 **skill** 을 필요로 하지 않는다.

purpose [pə́:rpəs] 명

- 작가가 이 책을 쓴 **purpose** 는 환경오염의 심각성을 알리기 위함이다.(=a goal or aim; intention)
- 오늘 회의의 **purpose** 는 추가비용을 어떻게 마련할 것인지를 토론하기 위해서다.

confidence [kánfidəns / kɔ́n-] → 형 confident 명

유 trust, faith

- 환자와 가족은 수술을 담당하는 의사에 대해 **confidence** 를 갖고 있기 때문에 이번 수술을 걱정하지 않고 있다.(=belief in one's abilities; complete trust)

훔쳐보기

* steal	• 훔치다	* skill	• 기술, 재능, 솜씨
* fortune	• 재산	* purpose	• 목적, 의도, 동기
	• 운명, 운수	* confidence	• 신뢰, 신임, 자신감
	• 운, 기회		

- 회사의 사장은 그에게 ***confidence*** 를 갖고 있어서 중요한 일은 그에게 맡긴다.
- 그녀는 중간 고사의 첫날 시험이 너무 어려워서 ***confidence*** 를 잃은 것 같다. 그녀가 남은 시험을 잘 볼 수 있도록 격려를 해주어야 겠다.

global [glóubəl] → 몡 globe   톙
- 에이즈(AIDS)환자의 증가는 더 이상 미국만의 문제가 아니라 ***global*** 한 문제다.(=relating to all the world; worldwide)

surface [sə́:rfis]   톙
- 대리석의 ***surface*** 는 매끈하고 반짝거린다.(=the outer face of a thing)
- 지구 ***surface*** 의 75%가 물이고, 25%가 육지이다.

congratulate [kəngrǽt(ə)lèit] → 몡 congratulation   통
- 가족과 친구들은 그의 결혼을 ***congratulate*** 했다.(=express pleasure on a person's success or good fortune)
- 회사 동료들은 그의 승진을 ***congratulate*** 했다.
- 우리는 그가 시험에 합격한 것을 ***congratulate*** 했다.

starve [stɑ:rv] → 몡 starvation   통
- 아프리카에서는 아직도 많은 사람들이 ***starve*** 하고 있다. 그들에게 식량을 공급해야 한다.(=suffer or die from lack of food)

consider [kənsídər] → 톙 considerable, considerate 몡 consideration
                                                   통통통
- 빤 ignore
- 자동차를 사기 전에 구입 비용뿐만 아니라 자동차를 유지하는데 드는 비용도 충분히 ***consider*** 해야 한다.(=think carefully about; examine)

훔쳐보기

* global	• 전 세계의	* starve	• 굶주리다, 굶어죽다
* surface	• 표면	* consider	• 검토하다, 살펴보다
* congratulate	• 축하하다		• 고려하다, 짐작하다

- 다른 사람의 기분도 **_consider_** 해 주어야 한다.(=keep in mind; take into account)
- 학생들은 그를 훌륭한 선생님으로 **_consider_** 하고 있다.(=believe to be; regard as)

punish [pʌ́niʃ] → 몡 punishment　　　　　　　　　　　　　　　　통
　　반 reward
- 손들고 벽을 보고 서 있게 하는 것이 그녀가 숙제를 하지 않은 학생을 **_punish_** 하는 방법이다.(=cause to suffer for a fault or crime)

attack [ətǽk]　　　　　　　　　　　　　　　　　　　　　　　　통
- 우리는 적의 본거지를 밤에 기습적으로 **_attack_** 했다.(=start a fight; battle against)

campaign [kæmpéin]　　　　　　　　　　　　　　　　　　　　몡 몡
- 나폴레옹의 러시아 **_campaign_** 은 실패로 끝났다.(=a connected series of military actions in a war to gain a certain results)
- 많은 사람들(유권자)과 악수하는 것은 선거 **_campaign_** 의 중요한 부분이다.(=organized activity to gain a goal)

professor [prəfésər]　　　　　　　　　　　　　　　　　　　　　몡
- 그는 M 대학에서 역사학을 연구하고 학생들을 가르치는 **_professor_** 다.(=a teacher of the highest rank in a university or college)

invade [invéid] → 몡 invasion　　　　　　　　　　　　　　　　통
- 1939년 9월에 강대국인 구소련(러시아)은 약소국인 폴란드를 **_invade_** 했다.(=enter with an army in order to conquer)

convenient [kənvíːnjənt] → 몡 convenience　　　　　　　　　　형
- 아무 때나 당신이 **_convenient_** 한 시간에 사무실로 찾아오십시

훔쳐보기

	• 간주하다, 믿다		• 정치 행동, 캠페인
* punish	• 벌주다, 처벌하다	* professor	• 교수
* attack	• 공격하다	* invade	• 침략하다, 침입하다
* campaign	• 군사행동, 작전	* convenient	• 알맞은, 편리한

오.(=suited to one's need or comfort)

hobby [hǽbi / hɔ́bi]　　　　　　　　　　　　　　　　　명
- 그의 **hobby**는 우표를 수집하는 것이다.(=an activity done in one's spare time for pleasure)
- 그녀의 **hobby** 는 볼링과 영화 감상이다.

continent [kɑ́ntənənt / kɔ́n-]　　　　　　　　　　　　　명
- 지구에는 유럽, 아시아, 아프리카, 오세아니아, 북아메리카, 남아메리카, 남극 등 모두 7개의 **continent** 가 있다.(=any of the main large land areas of the earth)

blame [bleim] → 동 blame　　　　　　　　　　　　　　명
- 경찰은 교통 사고가 난 것에 대해 운전자에게 **blame** 이 있다고 판단했다.(=responsibility for a mistake)

search [sə:rtʃ] → 명 search　　　　　　　　　　　　　동
- 그녀는 잃어버린 반지를 찾기 위해 방안을 **search** 했다.(= examine carefully because you are looking for something)
- 경찰은 그가 불법무기를 지니고 있는지 알아보기 위하여 그의 몸을 **search** 했다.

quality [kwɑ́ləti / kwɔ́l-]　　　　　　　　　　　　　　명 명
- 그 상점에서 과일을 사지 마세요. 과일의 **quality** 가 좋지 않습니다.(=degree of excellence)
- 고무의 **quality** 중의 하나는 잡아 당겼다가 놓으면 원래의 크기로 돌아가는 것이다.(=that which something is known to have or be; attribute; characteristic)

depend [dipénd] → 형 dependent 명 dependence　　　동 동 동
- 우리는 그가 수영 대회에서 우승할 것이라고 **depend on** 하고

훔쳐보기

* hobby	• 취미	* search	• 조사하다, 탐색하다
* continent	• 대륙	* quality	• 품질, 질(質)
* blame	• (잘못에 대한) 책임		• 특성, 특질

있다.(=trust; rely on)
* 우리가 소풍을 가게 될지 못 가게 될지는 날씨에 **depend on** 한
다.(=be controlled by)
* 생활능력이 없는 그의 가족들은 그의 월급에 **depend on** 하고
있다.(=be supported by)
* 대부분의 학생들은 경제적인 능력이 없기 때문에 그들의 부모에
게 **depend on** 하고 있다.

regular [régjələr]   형 형
    (반) irregular
    * 그 음악 동아리(클럽)는 매달 한 번씩 **regular** 모임을 갖는다.(=
    happening always at the same time)
    * 한 끼도 거르지 말고 **regular** 한 식사를 하는 것이 바람직하다.
    * 7세 미만 어린이의 **regular** 한 취침 시간은 오후 8시다.(=
    ordinary; average)

patience [péiʃəns] → 형 patient   명
    (반) impatience
    * 그의 재미없고 지루한 이야기를 듣기 위해서는 **patience** 를 필요
    로 한다.(=the ability to endure pain, trouble, waiting, boredom, etc)
    * 그 학생이 또 다시 킥킥거리고 웃었을 때, 선생님은 **patience** 의
    한계에 도달했다.

relation [riléiʃən] → 동 relate   명
    * 그의 발언은 토론하고 있는 주제와 아무런 **relation** 이 없다.(=
    connection)

appreciate [əprí:ʃièit] → 명 appreciation 형 appreciable, appreciative
                                                                   동 동 동
    * 그는 훌륭한 화가의 예술 작품을 **appreciate** 할 줄 모른다.(=

훔쳐보기			
* depend	• 믿다, 확신하다		• 보통의, 정상적인, 평균의
	• 달려있다	* patience	• 인내심, 인내력, 참을성
	• 의존하다	* relation	• 관련, 관계
* regular	• 정기적인, 규칙적인	* appreciate	• 감상하다

recognize or feel the worth of)

- 너는 이 상황이 얼마나 심각한지를 ***appreciate*** 하지 못하고 있다.(=understand; be aware of)
- "당신의 친절에 매우 ***appreciate*** 합니다."(=be grateful for)

naughty [nɔ́ːti, nɑ́ːti]　　　　　　　　　　　　　　　[형]

　　(반) good

- "동생이 좋아하는 인형의 목을 부러뜨리다니, 너는 정말 ***naughty*** 한 아이구나."(=behaving badly; not obeying)

spin [spin]　　　　　　　　　　　　　　　　　　　　[동]

- 지구는 24시간을 주기로 일정한 축을 중심으로 하여 스스로 ***spin*** 한다.(=turn around quickly; rotate)

amaze [əméiz]　　　　　　　　　　　　　　　　　　[동]

　　(유) astonish, surprise

- 우리는 식사 후에 계산서에 적혀 있는 엄청난 금액을 보고 모두 ***amazed*** 되었다.(=fill with surprise or wonder)
- 그녀의 갑작스런 태도 변화에 우리는 모두 ***amazed*** 되었다.

breathe [briːð] → [명] breath　　　　　　　　　　　[동]

- 높은 산의 꼭대기처럼 산소가 부족한 곳에서는 ***breathe*** 하기가 어렵다.(=take air into and out of the lungs)
- 계단에서 굴러 떨어진 그 소년은 의식이 없었다. 그러나 아직 ***breathe*** 하고 있어서 다행이었다.

private [práivit] → [명] privacy　　　　　　　　　[형][형]

　　(반) public

- 이 땅은 국가의 것이 아니라 ***private*** 한 것이다.(=belonging to one particular person or group)

훔쳐보기

	• 이해하다, 인식하다	* spin	• 돌다, 회전하다
	• 감사하다	* amaze	• 놀라게 하다
* naughty	• 못된, 행실이 나쁜, 말썽꾸러기인	* breathe	• 호흡하다, 숨쉬다
		* private	• 개인 소유의

- 사람들 앞에서 나의 **_private_** 한 문제들을 얘기하고 싶지 않다.(= personal)

remain [riméin]   통 통
- 우리가 점심 식사하러 밖에 나가 있는 동안, 사무실에 걸려오는 중요한 전화를 받으려면 적어도 한 사람은 사무실에 **_remain_** 해야 한다.(=stay after others go away)
- 그가 쓴 영어 책은 인기가 있어서, 몇 년 동안 베스트셀러 자리에 **_remain_** 했다.(=continue to exist)

neat [ni:t]   형
- 반 messy
- 그는 항상 자기 방을 **_neat_** 한 상태로 유지하기 때문에 부모님에게 칭찬을 받는다.(=clean and in good order)

obvious [ábviəs / ɔ́b-]   형
- 그녀가 심하게 비틀거리는 것을 보니, 술을 많이 먹었음이 **_obvious_** 하다.(=easy to see or understand; clear; evident)
- 그의 얼굴표정과 말투를 보니, 그가 거짓말을 하고 있음이 **_obvious_** 하다.

responsible [rispánsəbəl / -spɔ́n-] → 명 responsibility   형
- 바이러스는 많은 질병의 **_be responsible for_** 가 된다.(=being the cause of something)
- 신호 위반을 한 버스 운전사가 그 자동차 사고에 대해 **_be responsible for_** 이다.

charge [tʃɑːrdʒ] → 명 charge   통 통 통
- 그녀는 자신이 밖에 나가 있는 동안 남편에게 아이들 돌보는 것을 **_charge_** 했다.(=give someone a responsibility)

훔쳐보기

	• 개인적인	* obvious	• 분명한, 명백한
* remain	• 남아 있다	* responsible	• 원인이 되는, 책임이 있는
	• -의 상태에 있다	* charge	• 맡기다, 책임을 지우다
* neat	• 정돈된, 단정한		• 청구하다

- 호텔은 우리에게 하루 객실 사용비로 100달러를 ***charge*** 했다.(= ask for payment)
- 그들은 그를 살인죄로 ***charge*** 했다.(=accuse; blame someone for something)

transport [trænspɔ́:rt] → 명 transportation   동
- 비행기보다 기차로 물건을 ***transport*** 하는 것이 비용이 적게 든다.(=carry from one place to another; convey)
- 많은 상품들이 트럭에 의해 공장에서 판매점으로 ***transported*** 된다.

role [roul]   명 명
- ㈜ part
- 그 신인 배우는 새로 제작되는 영화에서 주인공인 '로미오'의 ***role*** 을 맡았다.(=a part played by an actor or actress)
- 그녀는 자식에 대한 어머니로서 또한 남편에 대한 아내로서 두 가지 ***role*** 을 잘 수행하고 있다.(=a part performed by a person or thing)

flee [fli:]   동
- 홍수주의보가 났을 때 그곳에 있는 모든 사람들은 안전한 곳으로 ***flee*** 했다.(=run away)
- 우리들은 이쪽으로 다가오는 사자를 보자, 모두 은신처로 ***flee*** 했다.

foundation [faundéiʃən] → 동 found   명 명
- 그녀에 관한 소문은 사실에 ***foundation*** 을 둔 것이 아니다. 그녀를 질투하는 사람들이 만들어 낸 거짓말이다.(=the basis on which an idea or belief rests)
- 그녀는 모교의 새 도서관 ***foundation*** 에 많은 돈을 기부했다.(=

훔 쳐 보 기

	• 고발하다, 비난하다	* flee	• 달아나다, 도망치다,
* transport	• 운송하다, 운반하다		도피하다
* role	• 역할	* foundation	• 근거, 기초
	• 역함, 임무		• 건립, 건축

the act of founding or establishing)

pale [peil] → 통 pale [형]

- 그녀는 아픈 것 같다. 얼굴이 **pale** 해 보인다.(=having little color in the face, often because of illness)

grave [greiv] → 명 gravity [형][명]

- 수술실에서 나온 의사의 **grave** 한 얼굴 표정을 보았을 때, 환자의 상태가 좋지 않다는 것을 알았다.(=extremely important or serious; dangerous)
- 그는 정기적으로 어머니의 **grave** 를 찾아가서 헌화한다.(=a place where a dead person is buried)

crash [kræʃ] [명][통][통]

- 이번 airplane(비행기) **crash** 로 많은 사람들이 사망했다.(=a violent vehicle accident)
- 네가 안전벨트를 착용했기 때문에 자동차 **crash** 에서 생명을 건질 수 있었다.
- 자동차가 벽에 **crash** 했을 때 네가 다치지 않은 것은 기적이었다.(=hit)
- 테이블 위의 접시가 미끄러져서 바닥에 **crash** 되었다.(=fall or strike something with sudden noise and damage)

scholar [skálər / skɔ́l-] [명]

- 그녀는 역사분야의 뛰어난 **scholar** 로서 사람들로부터 존경받고 있다.(=a person of great learning in a particular subject)

problem [prábləm / prɔ́b-] [명]

- 수학 선생님은 학생들에게 다섯 개의 **problem** 을 숙제로 내주었는데, 나는 그 중 3개를 풀지 못했다.(=a question that you must

훔쳐보기

* pale	• 창백한, 혈색이 나쁜	• 충돌하다
* grave	• 중대한, 심각한, 엄숙한	• 박살나다, 부딪치다
	• 무덤	* scholar • 학자
* crash	• 운송수단의 충돌, 사고	* problem • 문제, 과제

solve)

traffic [trǽfik]　　　　　　　　　　　　　　　　　　　　　명
- 퇴근시간이 되면 이 도로는 ***traffic*** 이 원활하지 못하다.(=the movement or number of automobiles, people, ships, airplanes, etc. moving along a road or route of travel)

physical [fízikəl]　　　　　　　　　　　　　　　　　　　　형
　(반) mental, spiritual
- 바둑, 체스 등은 정신적인 운동이고, 수영, 테니스 등은 ***physical*** 한 운동이다.(=of or relating to the body)

select [silékt]　→　명 selection　　　　　　　　　　　　　　동
- 여기에 있는 상품 중에서 마음에 드는 것 한 가지를 ***select*** 하세요.(=choose; pick out)
- 그녀는 메뉴 판에서 가장 값비싼 요리를 ***select*** 해서, 웨이터에게 주문했다.

celebrate [séləbrèit]　→　명 celebration　　　　　　　　　동
- 친구들이 나의 집에 와서 나의 15번째 생일을 ***celebrate*** 해주었다.(=honor a special day or event)
- 우리는 크리스마스 트리를 장식하고 선물을 주고받으며 성탄절을 ***celebrate*** 했다.

disease [dizíːz]　　　　　　　　　　　　　　　　　　　　　명
- '콜레라'는 전 세계에 널리 퍼진 ***disease*** 중의 하나다.(=a specific illness that has a medical name)
- 그 ***disease*** 의 징후는 열이 나고 몸에 반점이 생기는 것이다.
- 아프리카에서는 수천 명이 굶주림과 ***disease*** 로 사망했다.

훔쳐보기

* traffic	• 교통(량), 통행(량)	* celebrate	• 경축하다, 기념하다
* physical	• 신체적인, 육체적인	* disease	• 병, 질병
* select	• 신택하다		

servant [sə́:rvənt] 명

- 그는 요리사와 세탁일을 담당하는 하녀, 이렇게 두 명의 **servant** 를 거느리고 있다.(=a person employed to do household work in the home of another)

settle [sétl] → 명 settlement 동 동 동

- 자동차 전문가는 내가 어떤 차를 구입할 것인지를 **settle** 하는 데 많은 도움을 주었다.(=decide; agree upon)
- 친구들과 나는 올해 여름에 유럽여행을 가기로 **settle** 했다.
- 이 약은 너의 흥분된 신경을 **settle** 할 것이다.(=calm; quiet)
- 두 사람은 소송을 하지 않고 화해함으로써 분쟁을 **settle** 했다.(= put in order; arrange)

poem [póuim] → 명 poet 명

- 그는 김소월의 '진달래꽃'이라는 **poem** 을 암송하고 있었다.(=a piece of writing, often arranged in short lines which rhyme)

drown [draun] 동

- 홍수가 나서 농장의 많은 동물들이 **drowned** 되었다.(=die or cause to die under water because it is not possible to breathe)
- 강에서 놀던 아이들 중 두 명이 갑자기 불어난 강물로 인하여 **drowned** 되었다. 나머지는 구조대원들에게 무사히 구조되었다.

economy [ikánəmi / -kɔ́n-] → 형 economic, economical 명 명

- 일정 기간의 국민총생산을 조사함으로써 **economy** 의 성장률을 측정할 수 있다.(=the operation of a country's money supply, trade and industry)
- "**economy** 를 위해서 불필요한 전등을 꺼 주세요."(=careful and thrifty use of time, money, resources, etc)

훔쳐보기

* servant	• 하인, 고용인	* poem	• 시(詩)
* settle	• 결정하다	* drown	• 익사하다, 익사시키다
	• 진정시키다, 평온하게 하다	* economy	• 경제
	• 해결하다, 처리하다		• 절약, 검소

nod [nɑd / nɔd]　　　　　　　　　　　　　　　　　　　통
- 그는 나의 제안에 동의한다는 표현으로 머리를 **nod** 했다.(=bend the head forward slightly as a sign of agreement or greeting)

silence [sáiləns] → 형 silent　　　　　　　　　　　　　　명
- 반 noisiness
- 도서관에서는 **silence** 를 유지해야 한다. 시끄럽게 떠들면 안된다.(=absence of any sound or noise; complete quietness)

remind [rimáind]　　　　　　　　　　　　　　　　　　　통
- 이 노래는 나로 하여금 2년 전에 헤어진 그녀를 **remind** 하게 한다.(=make remember or think of)

blossom [blásəm / blɔ́s-] → 명 blossom　　　　　　　　　통
- 유 bloom　　반 wither, shrink
- 그 나무는 다음 달에 **blossom** 한다. 그 때는 정말 아름다울 것이다.(=come into flower; bloom)

favorite [féivərit] → 통 favor　　　　　　　　　　　　형 명
- 그녀가 **favorite** 하는 색깔은 파란색이다.(=preferred; best liked)
- 팝송 중에서 비틀즈의 'Yesterday' 가 나의 **favorite** 이다.(=a person or thing liked best or preferred)
- 음식 중에서 스파게티가 그의 **favorite** 이다.

ancient [éinʃənt]　　　　　　　　　　　　　　　　　　　형
- 유 antique　　반 new, recent
- 역사시간에 **ancient** 그리스, 로마 문명에 대해 공부했다.(=in the early years of history; very old)
- 풍년이 되기를 바라는 이 축제는 그 마을의 **ancient** 한 전통 중의 하나다.

훔쳐보기

* nod	• 동의 · 인사의 표시로 머리를 끄덕이다	* blossom	• 꽃이 피다
		* favorite	• 매우 좋아하는
* silence	• 조용함, 고요		• 좋아하는 사람, 것
* remind	• 생각나게 하다, 상기시키다	* ancient	• 고대의, 오래된

promise [prámis / prɔ́m-] → 통 promise　　　　　　　　명

- 그는 이번 주말에 나와 같이 영화보러 가기로 했는데 그가 **promise** 를 지키지 않았다.(=a statement that one will or will not do something; a pledge; vow)

repair [ri:pέər] → 명 repair　　　　　　　　　　　통

- 그녀는 고장난 자동차를 **repair** 하는 비용이 얼마인지 그에게 물었다.(=fix; mend)
- 수영장의 망가진 지붕을 **repair** 하느라 수영장은 며칠 동안 문을 닫았다.

spend [spend]　　　　　　　　　　　　　통 통 통

반 save
- 당신은 한 달 식비로 얼마의 돈을 **spend** 합니까?(=pay out)
- 네가 텔레비전 시청에 많은 시간을 **spend** 하지 않았으면 좋겠다.(=use up; consume)
- 그는 저녁시간 모두를 소설책을 읽는 데 **spend** 했다.(=pass time)
- 나는 할머니 댁에서 주말을 **spend** 할 예정이다.

nest [nest]　　　　　　　　　　　　　　　명

- 뻐꾸기는 다른 새의 **nest** 에 알을 낳는 것으로 유명하다.(=the place built by a bird for laying its eggs and caring for its young)

remove [rimú:v] → 명 removal　　　　　　　　통 통

- 우리 나라에서는 방안에 들어갈 때 신발을 **remove** 하는 것이 관례다.(=take away or off; move to another place)
- 그녀는 물과 비누로 바닥에 묻은 얼룩들을 **remove** 했다.(=get rid of)

훔쳐보기

* promise	• 약속		• 시간을 보내다
* repair	• 고치다, 수리하다	* nest	• 둥지
* spend	• 지출하다, 쓰다	* remove	• 벗다, 다른 곳으로 옮기다
	• 다 써버리다, 낭비하다		• 제거하다, 없애다

tap [tæp] → 명 tap   동
- 그는 그녀에게 도착했다는 것을 알리려고, 뒤에서 그녀의 어깨를 **tap** 했다.(=strike or hit lightly)

temperature [témpərətʃər]   명
- 내일 날씨를 보면 일부 지역에서 **temperature** 가 영하로 내려간 다고 한다.(=the degree of heat or cold)
- 사람의 정상 **temperature** 는 섭씨 36.5도다.

miracle [mírəkəl] → 형 miraculous   명
- 성경에 의하면, 예수는 물을 포도주로 바꾸고 불치병을 낫게 하 는 등의 많은 **miracle** 을 행했다.(=an event that cannot be explained by the laws of nature)

glory [glɔ́ːri] → 형 glorious   명 명
- 그 수영선수는 올림픽에서 금메달을 따냄으로써 **glory** 를 얻었 다.(=great honor or fame)
- 그는 전쟁에서 용감한 행동으로 **glory** 를 얻었다.
- 작년에 바다에서 보았던 일몰의 **glory** 를 잊을 수 없다.(=great beauty)

various [vέəriəs] → 명 variety 동 vary   형
- 계란을 요리하는 데는 삶거나 프라이하는 등 **various** 한 방법이 있다.(=different; of many kinds)

handicap [hǽndikæ̀p]   명
- 앞을 볼 수 없다는 것은 커다란 **handicap** 이다.(=a disability or disadvantage; hindrance)
- 취직을 하는 데 있어서, 일정 수준의 교육을 받지 못했다는 것은 커다란 **handicap** 이 될 수 있다.

훔쳐보기

* tap	• 가볍게 치다, 가볍게 두드리다	* glory	• 영광, 명예 • 장관
* temperature	• 온도	* various	• 다양한, 여러 가지의
* miracle	• 기적	* handicap	• 불리, 불리한 조건, 장애

silly [síli] 〔형〕〔형〕

- 햇볕이 쩅쨍 내리쬐는 더운 여름날에 밖에서 땀 흘리며 돌아다니는 것은 **silly** 한 짓이다.(=foolish; stupid)
- 그 옷을 입고 거울을 보니, 내 모습이 **silly** 해 보인다. 다른 옷을 입어야겠다.(=appearing ridiculous)

intelligent [intéledʒənt] → 〔명〕 intelligence 〔형〕

⊛ smart, bright ⊜ stupid, dumb

- 어떤 과학자들은 돌고래가 인간보다 더 **intelligent** 하다고 한다.(=having or showing the ability to learn, think, understand, and know)

vote [vout] → 〔명〕 vote 〔동〕

- 우리 나라에서는 만 20세가 되어야 **vote** 할 수 있다. 즉 20세 이상의 남녀는 대통령 선거, 국회의원 선거 등에 참여할 수 있다.(=give or cast a vote)
- 너는 이번 선거에서 어떤 후보에게 **vote** 했느냐?

maintain [meintéin, mən-] → 〔명〕 maintenance 〔동〕〔동〕

- 나는 고속도로에서 꾸준히 100km/h의 속도를 **maintain** 했다.(=continue; preserve; keep something going)
- 그는 아이들을 위해서 이혼한 아내와 좋은 관계를 **maintain** 하고 있다.
- 피고는 아직도 자신이 결백하다고 **maintain** 했다.(=declare; assert)

society [səsáiəti] → 〔형〕 social 〔명〕

- 학교는 학생들이 **society** 에서 필요한 사람이 되도록 학생들을 가르치는 곳이다.(=a large group of people who shares some of the same background and culture)

훔 쳐 보 기

* silly	• 어리석은, 바보 같은 • 우스꽝스런	* maintain	• 유지하다, 계속하다 • 주장하다
* intelligent	• 총명한, 머리가 좋은	* society	• 사회
* vote	• 투표하다		

sore [sɔːr]   형
- 그는 요즘 목이 **sore** 해서 목을 낫게 하는 약을 먹고 있다.(= painful; aching)
- 3일 전에 문틈에 끼였던 손가락이 아직도 **sore** 하다.

master [mǽstər, mɑ́ːstər]   명 동
- 강아지는 꼬리를 흔들면서 그의 **master** 에게 달려갔다.(= the owner of a slave or an animal)
- 초보자가 외국어를 **master** 하려면 적어도 몇 년은 걸린다.(= become expert in)

application [æ̀plikéiʃən]   명 명
- 대학 4학년인 그는 대기업 하반기 공채때, 4곳에 **application** 을 했지만 모두 떨어지고 말았다.(= a request)
- 그 과학 이론은 실제 생활에 **application** 할 수 있기 때문에 사람들은 보다 편리한 생활을 하게 될 것이다.(= the putting to use)

perfect [pə́ːrfikt] → 동 perfect   형 형
- 우리가 해변에서 휴가를 즐길 때의 날씨는 **perfect** 했다. 우리는 4일 동안 멋지게 보낼 수 있었다.(= most excellent)
- 그 댄서의 동작은 **perfect** 했다. 정말 놀라운 실력이다.(= complete; having no faults or errors)

tire [taiər]   동 동
- 그는 하루 종일 걸어다녀서 몹시 **tire** 했다.(= make or become weak; exhaust)
- 그의 재미없는 이야기는 우리를 **tire** 했다.(= bore)

훔쳐보기

* sore	• 아픈, 쑤시는	* perfect	• 최상의
* master	• 주인, 소유자		• 완벽한
	• 전문가가 되다, 숙달하다	* tire	• 피곤(하게) 하다,
* application	• 신청, 지원		지치(게하)다
	• 이용, 적용		• 지루하게 하다

wheel [*h*wiːl] 명
- 자동차는 4개의 ***wheel*** 을 갖고 있고, 자전거는 두 개의 ***wheel*** 을 갖고 있다.(=a round frame which turns on a central point)

accept [æksépt] 동
- 반 refuse, reject
- 나는 생일 파티에 그녀를 초대했다. 그녀가 거절할 줄 알았는데, 나의 초대를 ***accept*** 했다.(=say yes to an offer, an invitation, or a chance to do something)

grade [greid] → 동 grade 명 명 명
- 대위는 중위보다 1 ***grade*** 높다.(=a degree or position in a scale of rank or quality)
- 그 상점에서는 최상 ***grade*** 의 고기만 팔고 있다.
- 그 나라에서 12살이면 초등학교 seventh(7) ***grade*** 에 해당한다.(=a class or year in a school)
- 나는 과학과목에서는 언제나 좋은 ***grade*** 를 얻고 있다.(=a mark or score on a test or in a school course)

valuable [vǽljuːəbəl, -ljəbəl] → 명 value 동 value 형 형
- 반 cheap, worthless
- 외국의 유명 상표가 붙은 옷들은 ***valuable*** 해서 서민이 사기에는 부담스럽다.(=worth a lot of money)
- 그는 선배로부터 시험에 관한 ***valuable*** 한 정보를 얻었다. 그 정보 덕택으로 시험에 합격할 수 있었다.(=very important or useful)

spectator [spékteitər] 명
- 심판 판정에 불만을 가진 몇몇 ***spectator*** 들이 야구경기장 안으로 들어와서 경기가 중단되었다.(=a person who watches an event but does not take part in it)

훔쳐보기

* wheel	• 바퀴	• 성적, 학점
* accept	• 받아들이다	* valuable • 값비싼
* grade	• 단계, 등급, 계급	• 귀중한, 유용한
	• 학년, 과성	* spectator • 스포츠의 관람객, 구경꾼

• 축구 결승전에는 약 5만 명의 ***spectator*** 들이 경기장을 가득 메웠다.

attention [ətén∫ən] → 통 attend   명

• 아이들은 사람들로부터 ***attention*** 을 끌기 위해 가끔 이상한(버릇없는) 행동을 하기도 한다.(=the act of keeping one's mind on a subject)

nervous [nə́:rvəs]   형 형

   반 calm

• 너무 ***nervous*** 할 필요 없다. 단지 면접일 뿐이다.(=easily excited or upset; tense)

• 그 아이는 주사 맞는 것을 ***nervous*** 해서 병원에 가지 않으려고 한다.(=anxious; fearful)

actual [ǽkt∫uəl]   형

• 그 나라의 ***actual*** 한 권력자는 왕이 아니라 왕의 삼촌이다.(=real; true)

• 우리들이 예상한 결과와 ***actual*** 한 결과는 크게 달랐다.

• ***actual*** 한 실업자 수는 정부가 예측한 것보다 훨씬 많았다.

wrap [ræp]   통

• 그녀는 남자친구에게 줄 선물을 예쁜 포장지로 ***wrap*** 했다.(=put a covering on; cover by winding or folding)

admire [ædmáiər, əd-] → 형 admirable   통

• 사람들은 그녀가 화재 속에서 10여명의 아이들을 구해낸 것에 ***admire*** 했다.(=have a high opinion of; feel great respect for)

• 나는 그녀의 뛰어난 영어실력에 ***admire*** 했다.

훔쳐보기

* attention	• 주목, 주의	* actual	• 실제의
* nervous	• 긴장하는, 흥분된	* wrap	• 포장하다, 싸다
	• 두려워하는, 걱정하는	* admire	• 감탄하다

slope [sloup] 명

- 지붕의 **slope** 은 약 30도 정도다.(=the amount of slant)
- 언덕의 **slope** 이 가파르기 때문에 언덕 위에 올라가기가 힘들다.

voyage [vɔ́iidʒ] → 동 voyage 명

- 그는 미국에서 영국까지 조그만 보트로 **voyage** 를 했다.(=a journey across water or through air)

smart [smɑːrt] 형 형

반 stupid, dumb

- 너는 오늘 **smart** 해 보인다. 어디 특별한 데라도 가는거니?(= clean and neat; well-dressed)
- 그의 아들은 **smart** 해서 공부를 잘한다.(=intelligent; clever)

rough [rʌf] 형 형

반 smooth

- 할머니는 평생동안 많은 일을 해서, 손이 **rough** 하다.(=not smooth; uneven)
- 시골의 포장되지 않은 도로는 **rough** 해서, 자동차들이 많이 흔들린다.
- 자동차의 수리비용에 대해 **rough** 한 계산을 해보니 100만원쯤 나올 것 같다. 정확한 비용은 정비소에서 알아봐야 할 것이다.(= not exact; approximate)

wealth [welθ] → 형 wealthy 명

- 그는 아버지로부터 상당한 **wealth** 를 물려받아서, 일을 하지 않아도 살 수 있을 것이다.(=a lot of money, property, etc.)
- 그의 집은 엄청난 **wealth** 를 갖고 있어서, 호화로운 주택과 고급 자동차를 소유하고 있다.

훔쳐보기

* slope	• 경사, 기울기	* rough	• 거친, 울퉁불퉁한
* voyage	• 항해, 우주여행		• 대강의
* smart	• 말쑥한, 멋진	* wealth	• 부, 재산
	• 영리한, 총명한		

sob [sɑb / sɔb]　　　　　　　　　　　　　　　　　　　　　　　　　　　　동
- 힘센 아이가 그 소년의 장난감을 뺏어가자, 그 소년은 한쪽 구석에 쪼그려 앉아서 ***sob*** 하기 시작했다.(=cry with gasps and catching of the breath)

wander [wɑ́ndər / wɔ́n-]　　　　　　　　　　　　　　　　　　　　　　동
- 길 잃은 아이가 거리를 ***wander*** 하고 있다.(=go from place to place without a special purpose or destination; roam)
- 유럽에 여행을 온 그는 프랑스의 이곳저곳을 ***wander*** 했다.

reason [ríːzən] → 형 reasonable　　　　　　　　　　　　　　　　명 명
- 그의 사망의 ***reason*** 은 심장마비로 밝혀졌다.(=the cause of something happening)
- 오늘 내가 늦은 ***reason*** 은 내가 탄 차가 교통사고가 났기 때문이다.
- 인간은 ***reason*** 이 있다는 점에서 동물과 다르다.(=the ability to think logically or understand)

climate [kláimit]　　　　　　　　　　　　　　　　　　　　　　　　　명
- 이곳의 ***climate*** 은 따뜻한 편이어서 귤을 재배하기에 적당하다.(=the general weather condition of a certain region)
- 북유럽은 비가 많고 온화한 ***climate*** 을 갖고 있다.

imaginary [imǽdʒənèri / -nəri]
　　　→ 동 imagine　형 imaginative　명 imagination　　　　　　형
　　　반 real
- 이 책의 등장인물은 실재인물이 아니라 ***imaginary*** 한 인물이다.(=not real; existing only in the mind)

explode [iksplóud] → 명 explosion　　　　　　　　　　　　　　　동
- 오늘 오후에 시내의 한 건물에서 폭탄이 ***explode*** 해서 3명이 사

훔쳐보기

* sob	• 훌쩍거리며 울다, 흐느끼다		• 이성, 추리력
* wander	• 돌아다니다, 헤매다	* climate	• 기후
* reason	• 원인, 까닭, 이유	* imaginary	• 가상의, 상상의

망했다.(=(cause to) burst with a loud noise; blow up)

sow [sou]   동
- 농부는 밭에다 밀과 옥수수 씨를 **sow** 했다.(=plant or scatter seed)

elect [ilékt] → 명 election   동
- 그들은 투표를 통하여 브라운을 의장으로 **elect** 했다.(=choose by vote)
- 우리들은 그 사람을 대통령으로 **elect** 했다.

contrary [kántreri / kɔ́n-]   형
   반 similar, like
- 'Hot' 과 'Cold' 는 서로 **contrary** 한 용어다.(=opposite; different from)
- 그는 규칙에 **contrary** 한 행동을 했기 때문에 경고를 받았다.
- 우리는 그 소식을 듣고 놀랐다. 결과가 기대한 것과 **contrary** 했기 때문이다.

export [ikspɔ́:rt] → 명 export   동
   반 import
- 일본은 많은 전자제품과 자동차를 세계 여러 나라에 **export** 하고 있다.(=send goods to another country for sale)

particular [pərtíkjələr]   형
- 너는 영어 성적이 좋지 않다. 영어 과목에 **particular** 한 주의를 해야겠다.(=special; unusual; more than ordinary)
- 그녀는 오늘따라 머리 스타일에 **particular** 한 신경을 썼다.

origin [ɔ́:rədʒin, ɑ́rə- / ɔ́ri-] → 형 original 동 originate   명
- 우주의 **origin** 에 관한 유력한 학설로 '빅뱅이론' 이 있다.(=the

훔쳐보기

* explode	• 폭발시키다, 폭발하다	* export	• 수출하다
* sow	• (씨를) 심다, 뿌리다	* particular	• 특별한, 각별한
* elect	• 선출하다, 뽑다	* origin	• 기원, 근원, 원천
* contrary	• 반대되는, 어긋나는		

beginning of something; the source)
- 이 강의 ***origin*** 은 산에서 내려오는 시냇물이다.

wipe [waip]   동
- 그는 더러운 접시를 깨끗하게 ***wipe*** 했다.(=rub with something soft in order to clean or remove)

notice [nóutis] → -형 noticeable 명 notice   동
  반 ignore
- 그는 그녀의 머리스타일이 바뀌었다는 것을 ***notice*** 하지 못했다.(=become aware of; observe; take note of; pay attention to)
- 나는 지붕의 틈으로 비가 새고 있는 것을 ***notice*** 했다.

measure [méʒər] → 명 measurement   동 명
- 가구를 방에 배치하기 위해 방의 크기를 ***measure*** 했다.(=find size, amount, or extent of something)
- 이 방의 ***measure*** 는 가로 10m, 세로 7m이다.(=the size, amount, capacity, or degree of something)

check [tʃek]   동 동
- 시험문제를 풀고 난 후에 시간이 남으면 답을 제대로 썼는지 ***check*** 하는 것이 좋다.(=examine; test; compare)
- 범죄가 증가하는 것을 ***check*** 하기 위해 경찰의 수를 늘렸다.(=stop; control; hold back)

refuse [rifjúːz] → 명 refusal   동
  반 accept, allow
- 그는 그녀에게 데이트 신청을 했지만, 그녀는 바쁘다는 이유로 그것을 ***refuse*** 했다.(=decline to accept, give or do something)
- 나는 그들에게 간곡한 도움을 요청했지만, 그들은 나의 이러한

훔쳐보기

* wipe	• 닦다, 문지르다	* check	• 검사하다, 확인하다
* notice	• 알아차리다, 주목하다		• 막다, 억제하다
* measure	• 측정하다	* refuse	• 거절하다, 거부하다
	• 크기, 양, 넓이, 치수, 무게		

요청을 *refuse* 했다.

justice [dʒʌ́stis] → 형 just   명
- 그 선생님은 특정 학생을 편애함이 없이 학생들을 *justice* 하게
  대한다.(=the quality of being just or fair)

tough [tʌf]   형 형
ⓑ weak, tender
- 그 가죽 신발은 *tough* 해서 오래 갈 것이다.(=strong; hard; not
  easily torn)
- 이 고기는 *tough* 해서 노인이나 아이들이 먹기가 어렵다.(=
  difficult to cut or chewed)

birth [bə:*r*θ]   명
- 그녀가 *birth* 때의 몸무게는 3.5kg이었다.(=act of being born)

project [prədʒékt]   명 동 동 동
- 우리의 다음 *project* 은 정원에 조그만 연못을 만드는 것이다.(=
  a plan for doing something)
- 발코니가 벽으로부터 1미터 정도 *project* 되어 있다.(=extend or
  stick out)
- 버튼을 눌렀더니 미사일 발사대에서 미사일이 목표지점을 향해
  projected 되었다.(=throw or move forward)
- 나는 다음 달 여름휴가 때 친구들과 유럽 여행을 *project* 했
  다.(=plan; design; propose)

honor [ánər / ɔ́n-] → 형 honorable   명 명
ⓑ dishonor
- 노벨상을 받는 것은 개인으로서 커다란 *honor* 다.(=glory; credit)

훔쳐보기

* justice	•공평, 공정, 정의	•돌출하다, 내밀다
* tough	•강한, 튼튼한	•발사하다
	•질긴	•계획하다
* birth	•출생, 출산	* honor •영광, 영예
* project	•계획, 기획	•존경, 경의

- 우리는 국립묘지를 방문해서 나라를 지키다 전사한 군인들에 대해 **honor** 를 표시했다.(=great respect)

handle [hǽndl] 동 동 동

- 미국인은 한국인 친구로부터 젓가락을 **handle** 하는 방법을 배웠다.(=operate with the hands)
- 경험이 풍부한 그 선생님은 문제 학생을 **handle** 하는 법을 알고 있다.(=manage or control; deal with)
- 그 상점은 다양한 종류의 상품을 **handle** 하고 있다.(=deal in; buy or sell)

anxious [ǽŋkʃəs] → 명 anxiety 형 형

유 worried

- 네가 너무 무리하게 일을 하는 것 같아 너의 건강이 **anxious** 된다.(=worried; uneasy in mind)
- 그는 시험공부를 제대로 하지 못했기 때문에 내일 시험을 **anxious** 하고 있다.
- 그녀의 가족들은 한 달 전에 가출한 그녀가 돌아오기를 몹시 **anxious** 하고 있다.(=having a strong desire)
- 그는 기말 시험이 빨리 끝나기를 **anxious** 하고 있다.

found [faund] → 명 foundation 동

유 establish

- 돈이 많은 그는 100억원을 투자해서 새로운 학교를 **found** 했다.(=start or establish an organization, school, hospital, etc, especially by providing the money for it)
- 이 회사는 1930년에 그의 할아버지가 **found** 한 회사다.

section [sékʃən] 명

- 그녀는 피자를 여덟 **section** 으로 잘랐다.(=a division; a separate

훔쳐보기		
* handle	• 다루다	• 바라는, 열망하는
	• 다루다, 통제하다	* found • 설립하다, 건설하다
	• 취급하다	* section • 조각, 부분
* anxious	• 걱정하는, 근심하는	

part)

sacrifice [sǽkrəfàis] → 몡 sacrifice 동 동

- 그는 조국을 위해 자신의 목숨을 **sacrifice** 했다.(=give up something for the sake of someone or something else)
- 그들은 신에게 양을 **sacrifice** 하면서, 재앙이 일어나지 않기를 빌었다.(=offer as a sacrifice)

flame [fleim] → 혱 flaming 몡

- 건물에서 갑자기 '꽝' 하는 폭발음과 함께 **flame** 이 치솟았다. 잠시 후에 소방차가 도착했다.(=a hot glowing mass of burning gas)

excellent [éksələnt] → 몡 excellence 혱

� inferior, poor, bad

- 그 피아니스트는 매우 **excellent** 한 연주를 해서, 연주가 끝난 후에 모든 청중들이 기립박수를 보냈다.(=better than others; very good; superior)

debt [det] 몡

- 나는 친구에게 1000달러의 **debt** 이 있다. 적금을 타서 곧 갚을 예정이다.(=money that is owed)
- 많은 기업들은 은행에 갚아야 할 상당한 액수의 **debt** 이 있다.

brain [brein] 몡 몡

- 그는 자동차사고로 **brain** 에 충격을 받아서 기억상실증에 걸렸다.(=the organ of the body inside head that controls thought, memory and feeling)
- 그는 운동 능력은 뛰어나지만, **brain** 은 그다지 좋은 것 같지 않다.(=intelligence: understanding)
- 그녀를 보면 외모는 어머니에게, **brains** 는 아버지로부터 물려받

훔쳐보기

* sacrifice	• 희생하다	* debt	• 빚, 부채
	• 제물로 바치다	* brain	• 뇌, 두뇌
* flame	• 화염, 불길		• 지능, 지적인 능력
* excellent	• 뛰어난, 훌륭한, 우수한		

은 것 같다.

shelter [ʃéltər] → 통 shelter   명
- 우산 없이 걷다가 갑자기 많은 비가 쏟아질 때, 커다란 나무 아래는 좋은 **shelter** 가 될 수 있다.(=something that protects or covers; a place of safety)

draw [drɔː]   통 통
- ㈜ pull
- 화가는 산의 아름다운 꽃들을 도화지에 **draw** 했다.(=make a picture with a pencil or pen)
- 그는 친구가 약속장소를 찾기 쉽도록 친구에게 약도를 **draw** 해서 보여주었다.
- 두 마리의 말이 마차를 **draw** 하고 있다.(=pull)

soul [soul]   명
- 네가 죽는다면, 너의 육체는 땅에 묻히겠지만 너의 **soul** 은 천국에 갈 것이다.(=the part of a person that is not the body; the spirit)

prison [prízn]   명
- ㈜ jail
- 흉악한 죄를 저지른 범인은 징역 15년형을 선고받고 **prison** 에 수감되었다.(=a place where criminals are kept as a punishment)

sharp [ʃɑːrp]   형
- ㈝ blunt, dull
- 그녀는 질긴 고기를 자르기 위해서 **sharp** 한 칼을 사용했다.(=having a thin or fine cutting edge or point)

mention [ménʃən] → 명 mention   통
- 우리가 대화하는 동안 그의 이름이 여러 번 **mentioned** 되었

훔쳐보기

* shelter	• 피난처, 보호처	* soul	• 영혼
* draw	• 연필, 펜으로 그리다	* prison	• 교도소, 감옥
	• 끌다, 당기다	* sharp	• 날카로운, 예리한

다.(=speak or write about briefly)

waste [weist] → 명 waste 〔동〕

반 use, value

- 그는 도박에 많은 돈을 **waste** 했다.(=spend uselessly or foolishly; make poor use of)
- 그녀는 TV 시청에 많은 시간을 **waste** 했다.
- 전기를 **waste** 하지 말아라. 외출할 때에는 반드시 전등을 꺼라.

luck [lʌk] → 형 lucky 〔명〕〔명〕

- 우리 축구팀은 내용상으로 상대팀을 압도하는 게임을 하고도 **luck** 이 따라주질 않아서 지고 말았다.(=fortune)
- 그는 복권에 당첨되는 **luck** 을 잡았다.(=good fortune)

rare [rɛər] → 부 rarely 〔형〕

반 common, usual, ordinary

- 그는 언제나 회사에 일찍 출근한다. 그가 지각할 때도 있지만 그 것은 **rare** 한 일이다.(=unusual; uncommon)
- 10월까지 섭씨 30도가 넘는 무더위가 계속되는 것은 매우 **rare** 한 일이다.
- 그 동물은 세계에서 몇 안되는 **rare** 한 동물이므로 보호받고 있다.

cruise [kruːz] 〔동〕

- 그는 여름 휴가 때 바다에서 **cruise** 하면서 보낼 계획이다.(= travel on ships for pleasure)

biography [baiɑ̀grəfi, bi- / -ɔ̀g-] 〔명〕

- 에디슨의 **biography** 를 읽어보면 그가 어떤 사람이었는지 알 수 있을 것이다.(=the story of one person's life written by another)

훔쳐보기

* mention	• 언급하다	* rare	• 보기 드문, 희귀한
* waste	• 낭비하다, 헛되이 쓰다	* cruise	• 여유롭게 항해하다
* luck	• 운	* biography	• 전기
	• 행운		

thief [θi:f]   명
• 내집에서 보석을 훔쳐간 ***thief*** 이 일주일만에 경찰에 붙잡혔
  다.(=one who steals; a robber)

harmony [háːrməni] → 형 harmonious 동 harmonize   명 명
• 방에 있는 가구들의 색의 ***harmony*** 가 잘 되었다.(=pleasing
  combination of parts, sound, or colors)
• 그의 취미는 나의 취미와 ***harmony*** 해서, 서로 마음이 통한다.(=
  agreement in feeling or ideas; peace and friendship)
• 우리 가족들은 싸우지 않는다. 우리 가족은 항상 ***harmony*** 하게
  지내고 있다.

force [fɔːrs] → 형 forceful   명 명 동
• 바람의 ***force*** 는 창문을 깨뜨리고 나무를 넘어뜨릴 정도로 강력
  했다.(=strength; power; energy)
• 경찰은 군중들이 말을 듣지 않자, ***force*** 를 써서 군중을 해산했
  다.(=power or strength used against a person or thing)
• 강도는 ***force*** 를 써서 학생들로부터 돈을 빼앗았다.
• 먹지 않으려는 아이들에게 먹으라고 ***force*** 해서는 안된다.(=
  make do something by using strength or power)

clap [klæp] → 명 clap   동 동
• 첼로 연주자가 연주를 끝내고 인사를 하자 청중은 일어서서
  clap 했다.(=strike the hands together to show approval or enjoyment)
• 선생님은 "축하해" 하며 그 학생의 등을 ***clap*** 했다.(=slap with the
  open hand in a friendly way)

scold [skould]   동
• 엄격한 아버지는 그녀가 밤늦게 귀가하자, 그녀를 몹시 ***scold*** 했

훔쳐보기

* thief	• 도둑	• 강요하다, 강제로 하게 하다
* harmony	• 조화, 화합	* clap	• 손뼉을 치다
	• 일치, 조화, 화합		• 툭 치다
* force	• 힘	* scold	• 야단치다, 꾸짖다
	• 무력, 폭력		

다.(=find fault with; tell in an angry way)

booth [bu:θ] 　　　　　　　　　　　　　　　　　　명

- 이번 소프트웨어 전시회에서는 각 ***booth*** 마다 다양한 볼거리를 제공하고 있다.(=a small, temporary tent or building where one can buy things, watch shows, etc at a market, a fair or an exhibition)

environment [inváiərənmənt] 　　　　　　　　　　　명

- 각종 오염물질로부터 우리의 ***environment*** 을 보호해야 한다.(= the air, water, and land in or on which people, animals and plants live)

bride [braid] 　　　　　　　　　　　　　　　　　　　명

- 반 bridegroom
- 결혼식장에서 웨딩 드레스를 입은 ***bride*** 는 아름다워 보였다.(=a woman newly married or about to be married)

educate [édʒukèit] → 명 education 　　　　　　　　통

- 선생님의 임무는 학생들이 성실하고 능력 있는 사람이 되도록 그들을 ***educate*** 하는 것이다.(=teach; train; develop the mind of)
- 그는 어렸을 때, 부유한 집안의 덕택으로 훌륭한 학교에서 ***educated*** 되었다.

public [pʌ́blik] → 명 publication, publicity 통 publish 　　형 명

- 반 private
- 이곳은 ***public*** 한 장소라서 나의 개인적인 이야기를 하기에는 적당하지 않다.(=of or relating to the people or the community; not private)
- 그 나라의 ***public*** 이 가장 좋아하는 스포츠는 축구다.(=people in general)
- 대통령은 ***public*** 이 무엇을 원하는지를 알고 싶었다.

훔쳐보기

* booth	• 부스, 임시 점포	* public	• 공공의, 일반 국민의, 일반인을 위한
* environment	• 환경		
* bride	• 신부		• 대중, 일반
* educate	• 가르치다		

ceremony [sérəmòuni / -məni] → 형 ceremonial   명
- 학부모들은 학생들과 함께 graduation(졸업) **ceremony** 에 참석했다.(=series of acts done in a particular way established by custom)
- 그는 친구의 wedding(결혼) **ceremony** 에 참석했다.

satellite [sǽtəlàit]   명
- 월드컵 축구 경기 방송은 지구 주위를 돌고 있는 **satellite** 을 통하여 전세계로 전달된다.(=a man-made object put into orbit around the earth)

proverb [prάvə:rb / prɔ́v-]   명
- '가는 말이 고와야 오는 말이 곱다' 는 자주 인용되는 **proverb** 이다.(=an old, well-known, wise saying)

schedule [skédʒu(ː)l / ʃédjuːl]   통 명
- 그 모임은 다음주 월요일 오후 3시에 개최하기로 **scheduled** 되어 있다.(=plan or appoint for a certain time)
- 그는 다음 주에 바쁜 **schedule** 을 갖고 있어서, 다음 주에는 그와 만나기가 힘들 것 같다.(=a list of timed, planned activities or events)

appointment [əpɔ́intmənt] → 통 appoint   명
- 나는 치과의사와 오후 3시에 **appointment** 가 되어 있다.(=an arrangement to meet at a particular time or space)
- 그는 변호사와 오후 1시에 이 건물 지하 음식점에서 점심 **appointment** 가 있다.

shrink [ʃriŋk]   통
- 털옷을 뜨거운 물에 세탁했더니 털옷의 크기가 **shrink** 되었다.(= make or become smaller)

훔쳐보기

* ceremony	• 사회적, 종교적 의식(예식)		• 일정, 시간표
* satellite	• 인공위성	* appointment	• 시간, 장소가 정해진 만
* proverb	• 속담, 격언		남, 약속
* schedule	• 예정하다	* shrink	• 줄어들다, 줄어들게 하다

퍼즐게임

¹M		²F		³S		⁴A		⁵K
⁶			G					
				⁷K		⁸O		
⁹N			¹⁰S					
¹¹W								
			¹²E					

Across(가로 열쇠)

4. 묻다, 질문하다(say a question; put a question to)
6. 기원, 근원, 원천(the beginning of something; the source)
7. 치다(hit with the fist or blows)
   두드리다(hit lightly)
9. 소음, 잡음(a loud or unpleasant sound)
11. 따뜻한(having a temperature that is fairly high, between cool and hot)
12. 고용하다(employ; hire)
   참여하다, 관련시키다(participate; involve)

Down(세로 열쇠)

1. 현대의(of or relating to the present; advanced)
2. 단단한, 견고한(strong; solid)
   튼튼한, 고정된(strong; fixed; stable)
3. 가라앉다(go down into water)
5. 차다, 걷어 차다(hit with the foot)
8. 따르다, 복종하다(do what is commanded or asked)
10. 같은, 동일한(exactly alike; identical; not different)

나라 이름

나라 이름	나라 형용사	공용어	나라 사람
Korea (한국)	Korean	Korean	a Korean
America (미국)	American	English	an American
England (영국)	English	English	an Englishman
Germany (독일)	German	German	a German
Canada (캐나다)	Canadian	English/French	a Canadian
France (프랑스)	French	French	a Frenchman
Italy (이탈리아)	Italian	Italian	an Italian
Japan (일본)	Japanese	Japanese	a Japanese
China (중국)	Chinese	Chinese	a Chinese
Spain (스페인)	Spanish	Spanish	a Spanish
Russia (러시아)	Russian	Russian	a Russian
Australia (호주)	Australian	English	an Australian

방향 이름

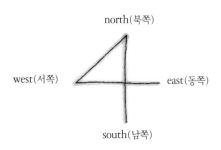

north (북쪽)

west (서쪽)　　　east (동쪽)

south (남쪽)

색깔 이름

red (빨강)	a red rose (빨간 장미)
blue (파랑)	blue eyes (파란 눈)
orange (주황)	an orange hat (주황색 모자)
yellow (노랑)	a yellow T-shirt (노란색 티셔츠)
green (초록)	green vegetables (초록색 야채)
purple (자주)	a purple dress (자주색 드레스)
pink (분홍)	pink flowers (분홍색 꽃)
black (검정)	black hair (검은 색 머리)
white (흰색)	white paint (흰색 페인트)
gray/grey (회색)	a grey sky (회색 (잿빛) 하늘)
brown (갈색)	brown shoes (갈색 구두)

pity [píti] → 형 pitiful   명 명
- 우리에 갇혀 있는 동물을 보면 ***pity*** 를 느낀다. 그들을 자유롭게 풀어주고 싶다.(=a feeling of sorrow for another's suffering; sympathy)
- 네가 다른 일 때문에 우리와 함께 파티에 가지 못한다고 하니 ***pity*** 하다.(=a reason sorrow or regret)

survive [sərváiv] → 명 survival   동
- 반 die
- 비행기 사고로 120명이 사망하고, 오직 3명이 ***survive*** 했다.(= continue to live or exist)

cooperate [kouápərèit / -ɔ́p-] → 명 cooperation   동
- 우리 모두가 서로 ***cooperate*** 한다면 일을 빨리 끝낼 수 있다.(= work or act together for a common purpose)
- 두 사람은 공동의 목적을 위해 그 목적을 달성할 때까지 서로 ***cooperate*** 했다.

tidy [táidi]   형
- 너의 방을 ***tidy*** 한 상태로 유지하면, 보기에 좋을 뿐 아니라 물건을 찾기도 쉽다.(=neat and orderly)

ancestor [ǽnsestər, -səs-]   명 명
- 반 descendant
- 우리의 ***ancestor*** 는 약 1000년 전에 이곳으로 와서 정착했다.(=a person from whom one is descended)
- 코끼리의 ***ancestor*** 는 맘모스다.(=an early kind of animal from which later kinds have developed)

훔 쳐 보 기

* pity	• 동정심, 불쌍히 여김	* tidy	• 깨끗하고 정돈된
	• 애석한 일, 유감	* ancestor	• 조상, 선조
* survive	• 살다, 살아남다		• 조상
* cooperate	• 협동하다, 협력하다		

citizen [sítəzən]   **명**
  • 미국 정부는 현재 전쟁지역에 있는 미국 *citizen* 들에게 미국으로 돌아올 것을 권고했다.(=a person who member of a country or state)

destroy [distrɔ́i] → **명** destruction   **동**
  반 create
  • 그 폭탄은 주변의 모든 건물을 *destroy* 했다.(=ruin; put an end to)
  • 어제 일본에서 발생한 지진은 도시의 많은 부분을 *destroy* 했다.

grip [grip] → **명** grip   **동**
  • 겁먹은 아이는 엄마의 손을 *grip* 했다.(=hold very tightly; seize firmly)
  • 영화에서 무서운 장면이 나오자, 그녀는 그의 손을 *grip* 했다.

unite [ju:náit] → **명** unity   **동**
  반 divide, separate
  • 개인으로서는 약하지만, 우리 모두가 *unite* 하면 아무리 강한 적이라도 그들을 물리칠 수 있다.(=join together into one; join together for a purpose)
  • 두 교회가 *unite* 해서 하나의 커다란 교회를 만들었다.

information [ìnfərméiʃən] → **동** inform   **명**
  • 우리는 신문을 통해 다양한 *information* 을 얻고 있다.(=knowledge; facts)
  • 그곳에 가면 이 도시의 관광지와 숙박시설에 대한 상세한 *information* 을 얻을 수 있다.

translate [trænsléit, trænz-] → **명** translation   **동**
  • 그녀는 영어로 쓰여진 글을 한국어로 *translate* 했다.(=express in another language)

훔 쳐 보 기

* citizen • 국민, 시민	* unite • 합치다, 결합하다, 단결하다
* destroy • 파괴하다, 없애버리다	* information • 정보, 지식
* grip • 꽉 쥐다, 꼭 잡다	* translate • 번역하다

instance [ínstəns]　　　　　　　　　　　　　명
- 그것은 그의 나쁜 행동의 한 **instance** 일 뿐이다. 다른 나쁜 행동도 많이 있다.(=an example; case; occasion)
- 이런 **instance** 에는 그 규칙을 적용하지 않는다.

purse [pə:rs]　　　　　　　　　　　　　　명
- 현재 그녀의 **purse** 안에는 5만원의 돈이 있다.(=a small bag for carrying money)

trust [trʌst] → 명 trust　　　　　　　　　통
- 그가 나에게 거짓말을 한 이후로, 나는 그를 더 이상 **trust** 하지 않는다.(=have confidence in; believe)

twinkle [twíŋkəl]　　　　　　　　　　　　통
- 밤하늘에 별들이 **twinkle** 하고 있다.(=shine with quick flashes of light; sparkle)

ugly [ʌ́gli]　　　　　　　　　　　　　　　형
㉫ beautiful, handsome
- 화재로 인하여 그의 얼굴에 흉터가 생겼는데, 그 흉터는 보기가 **ugly** 했다. 그래서 그는 성형수술을 받았다.(=unpleasant to see; disgusting)

uniform [júːnəfɔ̀:rm] → 명 uniform　　　형 형
- 유전공학 실험실은 실험을 위해서 항상 **uniform** 한 온도를 유지해야 한다.(=always the same; not changing)
- 같은 컴퓨터 부품이라 하더라도 모든 가게에서 가격이 **uniform** 한 것은 아니다. 가게마다 가격이 조금씩 다르다.(=each being the same as another)

훔쳐보기

*instance	•실례, 보기, 경우	*ugly	•보기 흉한, 추한, 역겨운
*purse	•지갑	*uniform	•일정한, 균일한
*trust	•믿다, 신뢰하다		•다른 것과 같은
*twinkle	•반짝이다, 빛나다		

soil [sɔil] 圏

- 농부는 농기구로 **soil** 을 갈고 난 후, 그곳에 씨를 뿌렸다.(=the top covering of the earth in which plants grow; ground)
- 식물들이 잘 자라도록 **soil** 에 비료를 주었다.

unique [juːníːk] 圏

圎 common, ordinary

- 이 우표는 100년전에 만들어진 **unique** 한 것이다. 그것과 같은 것은 어느 곳에도 없다.(=being the only one; having no equal; singular)
- 사람들은 자기만의 **unique** 한 개성을 갖고 있다.

rage [reidʒ] → 圏 rage 圎

- 그가 나를 속였다는 것을 알았을 때 나는 매우 **rage** 했다.(=feel or express great anger)
- 그가 그녀의 자존심을 상하게 했을 때, 그녀는 **rage** 해서 유리잔을 바닥에 던져버렸다.

universe [júːnəvəːrs] 圏

- **universe** 가 어떻게 탄생되었는가에 대해 유력한 학설로 빅뱅(Big Bang)이론이 있다.(=all of spaces, including the earth, the planets, and the stars)

yell [jel] 圎

- 그 소년은 고통을 참지 못해서 **yell** 하자, 부모님이 그 소리에 깜짝 놀라서 그에게 달려왔다.(=scream loudly)

dawn [dɔːn] 圏

- 그는 **dawn** 에 일어나서 우유배달을 하고 있기 때문에 잠이 부족하다.(=the early morning, when light first appears in the sky)

훔쳐보기

*soil	•토양, 땅, 흙	*universe	•우주
*unique	•유일한, 독특한	*yell	•고함치다, 외치다
*rage	•몹시 화내다	*dawn	•새벽, 동틀 녘

motion [móuʃən] 명

- 월드컵 축구 경기에서 우리 나라가 득점하는 장면을 느린 **motion** 으로 자세히 보았다.(=movement or a way of moving)

instead [instéd] 부

- 내가 아프기 때문에 그가 나를 **instead** 하여 회의에 참석했다.(= in the place of someone or something)

jail [dʒeil] 명

ⓨ prison
- 그는 물건을 훔친 죄로 6개월 동안 **jail** 에서 복역해야 한다.(=a prison)

strike [straik] 동

- 그녀는 화가 나서 그의 뺨을 **strike** 했다.(=hit with a blow; hit against with force)
- 자동차가 강아지를 **strike** 해서 강아지를 다치게 했다.

informal [infɔ́:rməl] 형

ⓑ formal
- 평일에 회사에 출근할 때는 정장을 하지만, 토요일에는 **informal** 한 옷을 입는다.(=not formal; suitable for a relaxed occasion)

erase [iréis / iréiz] 동

- 경찰은 벽에 몰래 낙서하는 소년들을 붙잡아서, 벽에 낙서해 놓은 것을 모두 **erase** 하게 했다.(=rub out; wipe clean; remove writing or recording from)

organization [ɔ̀:rgənəzéiʃən] → 동 organize 명

- 그린피스(Greenpeace)는 핵실험에 반대하고 지구의 환경을 보호

훔쳐보기

* motion	• 동작, 움직임	* informal	• 비공식의, 격식을 차리지 않은
* instead	• 그 대신에		
* jail	• 교도소	* erase	• 지우다, 삭제하다
* strike	• 치다, 때리다	* organization	• 단체, 조직, 기구

하기 위하여 1971년에 설립된 국제적인 ***organization*** 이다.(=a group of people joined together for a common purpose)

palace [pǽlis, -əs]　　　　　　　　　　　　　　　　　　　　명
- 옛날에 왕이나 여왕은 ***palace*** 에서 살았다.(=a large house that is or was the home of a king or queen)

extra [ékstrə] → extra　　　　　　　　　　　　　　　　　형
- 손님들이 많이 올지 모르니, ***extra*** 음식을 준비하는 것이 좋겠다.(=in addition to the usual amount or number)
- 거기서 오래 머무를지도 모르니, ***extra*** 옷을 가져가라.

female [fí:meil]　　　　　　　　　　　　　　　　　　　　명
- 반 male
- 우리 사무실에서 근무하는 사람은 거의 모두가 남성이고 ***female*** 은 한 사람밖에 없다.(=woman or girl)

death [deθ] → 형 dead 동 die　　　　　　　　　　　　명
- 반 life
- 갑작스런 할머니의 ***death*** 는 가족들에게 커다란 슬픔을 안겨 주었다.(=the ending of life; act of dying)

engineer [éndʒəníər]　　　　　　　　　　　　　　　　명
- 육지와 섬을 연결하는 다리를 설계하기 위해 여러 명의 ***engineer*** 들이 열심히 일하고 있다.(=one who is trained to plan and build roads, bridges, etc.)

memorize [méməràiz] → 명 memory　　　　　　　　　동
- 그녀는 친구들의 전화번호를 모두 ***memorize*** 했기 때문에 수첩을 볼 필요가 없다.(=learn numbers or words so well that you can remember them exactly)

훔쳐보기

* palace	· 궁전, 대궐	* death	· 죽음
* extra	· 여분의	* engineer	· 기술자, 엔지니어
* female	· 여성, 여자	* memorize	· 암기하다, 외우다

flag [flæg] 명
- 출발해도 좋다는 신호로 역무원이 ***flag*** 을 흔들자, 기차가 출발하기 시작했다.(=a piece of cloth with a colored pattern or picture on it that represents a country or organization)
- 운동장에 꽂혀 있는 각 나라의 ***flag*** 이 바람에 흔들리고 있다.

garbage [gáːrbidʒ] 명
- 자원봉사자들은 거리에 널려 있는 ***garbage*** 들을 치워서 거리를 깨끗하게 했다.(=waste; unwanted or spoiled food)

spit [spit] 동
- 그는 수박을 먹고 난 후에 입속에 남아 있는 씨를 휴지에 ***spit*** 했다.(=throw out from the mouth)

fry [frai] 동
- 계란을 삶아서 먹기도 하고, 팬에다 ***fry*** 해서 먹기도 한다.(=cook food in hot oil, butter, or fat)

stadium [stéidiəm] 명
- 그 도시에 있는 축구 ***stadium*** 은 5만 명을 수용할 수 있다.(=a large sports field with seats all around it, where people go to watch team sports)

hospital [háspitl / hɔ́s-] 명
- 그녀는 자동차 사고를 당한 후에 응급차에 의해 ***hospital*** 로 실려 갔다.(=a place where sick or injured people are given medical care)

immigrate [íməgréit] → 명 immigrant, immigration 동
- 그는 어렸을 때 가족들과 함께 한국에서 이곳 미국으로 ***immigrate*** 했다.(=come into a foreign country to live)

훔쳐보기

* flag	• 기, 깃발	* stadium	• 경기장, 운동장
* garbage	• (음식) 쓰레기	* hospital	• 병원
* spit	• 뱉다	* immigrate	• 이민 오다, 이주하다
* fry	• 튀기다		

glue [glu:] → 통 glue 명

- 증명사진의 뒤에 **glue** 를 바른 다음 사진을 서류의 왼쪽 위에다 붙였다.(=a thick substance used for sticking things together)

male [meil] 명

반 female
- 기계, 전자, 조선 등 주로 **male** 이 일하는 분야에 여성들이 진출하는 비율이 점차 늘어나고 있다.(=a man)

furniture [fə́:rnitʃər] 명

- 그는 이사하면서 침대, 책상, 의자 등의 **furniture** 를 새로 구입했다.(=the movable things, such as tables, chairs, beds and desks, in a house, office, store, etc.)

gym/gymnasium [dʒim/dʒimnéiziəm] 명

- 그는 집 근처의 **gym** 에서 매일 1시간씩 웨이트트레이닝을 하고 있다.(=a place that has machines for doing exercises)

hatch [hætʃ] 통

- 4개의 달걀이 **hatch** 해서 4마리의 병아리가 태어났다.(=come out of an egg)

delight [diláit] → 명 delight 형 delightful 통

- 그녀의 친구들은 그녀에게 멋진 선물을 선사함으로써 그녀를 **delight** 했다.(=please greatly)

special [spéʃəl] 형

- 내일은 우리 부부에게 **special** 한 날이다. 우리의 첫 번째 결혼 기념일이다.(=of a particular kind; unusual)
- 그는 대통령의 아들이었지만 학교에서 **special** 한 대우를 받지

훔쳐보기

* glue	• 풀, 아교	* hatch	• 부화하다
* male	• 남성, 남자	* delight	• 기쁘게 하다,
* furniture	• 가구		즐겁게 하다
* gym/gymnasium	• 체육관, 헬스센터	* special	• 특별한, 특수한

않았다.

furious [fjúəriəs] → 몡 fury   혱
- 내가 그녀의 일기장을 몰래 훔쳐보다가 그녀에게 들켰을 때, 그녀는 내게 매우 ***furious*** 했다.(=very angry)

pat [pæt] → 몡 pat   통
- 그의 어머니는 그의 어깨를 ***pat*** 하면서 의기소침해 있는 그를 격려했다.(=touch someone lightly several times with the flat part of your hand)
- 그는 강아지의 머리를 ***pat*** 했다.

stamp [stæmp] → 통 stamp   몡
- 그는 편지 봉투 겉에 1달러 짜리 ***stamp*** 를 붙여서 우체통에 넣었다.(=a small piece of paper that you buy and stick onto an envelope or package before posting it)

nation [néiʃən] → 혱 national   몡 몡
- 대통령은 TV와 라디오 방송을 통하여 ***nation*** 에게 힘을 합쳐 경제위기를 극복하자고 호소했다.(=a large group of people of the same race and language)
- 국제 무역과 관련된 회의를 하기 위해 일곱 ***nation*** 의 대통령들이 제네바에 모였다.(=a country)

operator [ápərèitər / ɔ́p-] → 통 operate   몡
- 미국 전화국의 ***operator*** 는 내가 한국에 있는 어머니와 통화할 수 있도록 연결해 주었다.(=a person who operates a machine or other device)

type [taip]   몡 통
- 당신은 어떤 ***type*** 의 여성(남성)을 좋아합니까?(=a group having

훔쳐보기

* furious	• 몹시 화난	* nation	• 국민
* pat	• 가볍게 두드리다, 쓰다듬다		• 국가, 나라
* stamp	• 우표	* operator	• 기계 조작자, 전화 교환수

some characteristics in common; kind)
- 나는 그녀에게 보내는 편지를 **type** 했다.(=to write with a typewriter)

passenger [pǽsəndʒər] 명
- 비행기가 착륙해서 완전히 정지할 때까지 **passenger** 들은 안전벨트를 착용하고 좌석에 앉아 있었다.(=someone who is travelling in a car, boat, plane, or train, but is not the driver or pilot)

mayor [méiər, mɛər] 명
- 이번 지방자치 선거에서 그는 그 도시를 대표하는 **mayor** 로 선출되었다.(=the person who has been elected to lead the government of a town or city)

fur [fər] 명
- 밀렵꾼들이 여우, 밍크 등의 야생동물을 사냥하는 가장 큰 이유는 야생동물의 **fur** 를 팔아서 돈을 얻기 위해서다.(=the skin of an animal, covered with soft, thick hair)

peak [piːk] 명
- 섭씨 38도까지 올라갔던 어제 오후 2시에는 순간 전기 사용량이 **peak** 에 달했다.(=the highest level, value, rate, etc.)

describe [diskráib] 동
- 그는 어제 그곳에서 무슨 일이 일어났는지 나에게 **describe** 해주었다.(=give an account of; explain)

steam [stiːm] → 동 steam 명
- 주전자에서 **steam** 이 나오는 걸 보니, 주전자 안에 뜨거운 물이 들어있는 것 같다.(=the gas that forms when water boils)

훔쳐보기

* type	• 유형, 부류, 양식	* fur	• 동물의 가죽, 모피
	• 타이프라이터를 치다	* peak	• 최고점, 절정
* passenger	• 승객, 여객	* describe	• 설명하다
* mayor	• 시장	* steam	• 수증기

reservation [rèzərvéiʃən] → 통 reserve   명
- 주말에 그곳으로 가는 비행기는 사람이 많기 때문에 당일날 표를 구하는 것은 불가능하다. 최소한 3일 전에 **reservation** 해야 한다.(=an arrangement for a seat on a plane, bus, or train to be kept for you to use)

plan [plæn]   명
- 주말에 어떤 특별한 **plan** 이 있니? 없으면 우리와 함께 놀러가자.(=an idea or arrangement for doing or achieving something in the future)
- 그 회사는 경제사정이 좋지 않아서 신입사원을 고용할 **plan** 을 취소했다.

plant [plænt, plɑːnt]   명 동
- 그의 정원에는 다양한 종류의 **plant** 이 자라고 있다.(=a living thing that has leaves and roots and grows in earth, especially one that is smaller than a tree)
- 우리는 식목일에 뒷산에다 나무 10그루를 **plant** 했다.(=put plants, seeds, etc in the ground to grow)

scene [siːn]   명
- 유령은 그 영화의 첫 번째 **scene** 에서 나온다.(=one part of a book, play, film, etc in which the events happen in one place)

degree [digríː]   명
- 도대체 그를 어느 **degree** 까지 믿어야 하는가?(=a certain amount or level)

person [pə́ːrsən]   명
- 그는 우리 마을에서 영어를 할 수 있는 유일한 **person** 이다.(=a

훔쳐보기

* reservation	• 예약	* scene	• (영화, 연극의) 장면
* plan	• 계획	* degree	• 정도, 범위, 수준
* plant	• 식물	* person	• 사람, 인간
	• 심다, 씨를 뿌리다		

human being)

shame [ʃeim]　　　　　　　　　　　　　　　　　　　명
- 그는 어머니에게 거짓말을 한 것에 대해 **shame** 을 느꼈다.(=a painful feeling that one has done something wrong or foolish)

pilot [páilət]　　　　　　　　　　　　　　　　　　　명
- 공항의 짙은 안개에도 불구하고 그 비행기의 **pilot** 은 비행기를 안전하게 착륙시켰다.(=a person who controls an airplane while it is flying)

stream [striːm] → 동 stream　　　　　　　　　　　명
- 우리들은 돌다리를 이용하여 **stream** 을 건넜다.(=a small river)

please [pliːz]　　　　　　　　　　　　　　　　　　　동
- 그 의견에 대하여 대다수가 찬성했지만 몇 사람만이 반대했다. 모든 사람을 **please** 할 수는 없다.(=give enjoyment to; make someone happy)
- 그는 자신의 상사를 **please** 하기 위해 할 수 있는 일은 뭐든지 다 했다.

trash [træʃ]　　　　　　　　　　　　　　　　　　　명
- 우리는 학교 주변에 널려 있는 **trash** 를 치워서 거리를 깨끗하게 했다.(=waste; useless material)

prize [praiz]　　　　　　　　　　　　　　　　　　　명
- 그는 퀴즈대회에서 우승했는데, **prize** 로 유럽 15일 여행 티켓을 받았다.(=something that is given to the person who wins a competition, game, or race)

훔쳐보기

* shame	• 부끄러움, 죄책감, 수치심	* please	• 만족시키다, 기쁘게 하다
* pilot	• 조종사	* trash	• 쓰레기
* stream	• 시내, 개울	* prize	• 상, 상품, 포상

race [reis] → 통 race 명 명

- 그는 어제 있었던 자동차 **race** 에서 경쟁자를 물리치고 우승했다.(=a competition in which several people try to run, drive, ride, swim etc faster than each other)
- 지구상에는 흑인, 백인, 황인 등 크게 3종류의 **race** 가 있다.(= one of the main groups of people in the world, who have the same color of skin and physical appearance as each other)

scenery [sí:nəri] 명

- 산꼭대기에서 내려다 본 마을의 **scenery** 는 매우 아름다웠다.(= all the mountains, rivers, forests etc that you see around you, especially when these are beautiful)

seed [si:d] 명

- 땅에 **seed** 를 30cm간격으로 심었더니 5일 후에 싹이 나왔다.(= the part of a plant from which a new plant grows)

garage [gərá:ʒ, -rá:dʒ / gǽrɑ:dʒ] 명 명

- 어떤 집은 집안에 자동차를 주차할 수 있는 **garage** 가 있어서 자동차를 안전하게 보관할 수 있다.(=a building or part of a building in which cars are kept)
- 그는 어제 자동차 사고가 나서 그의 자동차는 지금 **garage** 에서 수리를 받고 있다.(=a shop where cars are repaired and serviced)

forecast [fɔ́:rkæst, -kà:st] 통

- 내일 중부지방에 폭우와 함께 강풍이 불 것이라고 **forecast** 했다.(=say what will probably happen in the future)
- 몇몇 여론조사 기관에서 설문 결과를 토대로 다음 주에 있을 선거의 결과를 **forecast** 했다.

훔쳐보기

* race	• 경주, 레이스	* garage	• 차고
	• 인종		• 자동차 수리소
* scenery	• 경치, 경관	* forecast	• 예측하다, 예보하다
* seed	• 씨앗		

sentence [séntəns] → 통 sentence ·   명

- 그 독해 지문은 6개의 **sentence** 로 이루어져 있다.(=a group of words, or sometimes a single word, that tells or expresses a complete thought)

worm [wəːrm]   명

- 새들은 땅에서 기어다니는 **worm** 을 잡아먹고 산다.(=a small, slender, soft bodied animal without legs)

sight [sait]   명

- 그녀는 **sight** 이 좋지 않아서 안경을 쓰고 다닌다.(=the power or ability to see)

dye [dai]   통

- 그녀는 머리를 노란 색으로 **dye** 했다.(=change the color of material or hair by using a special colored liquid)

electricity [ilèktrísəti, ìːlek-] → 형 electric   명

- **electricity** 를 낭비하지 않기 위해 사용하지 않는 전등은 끄 자.(=a type of energy that provides heat, light and power to work machines, etc)

democracy [dimάkrəsi / -mɔ́k-]   명

- 그 나라는 30년간의 독재정치를 끝내고 **democracy** 를 실현했 다.(=a system in which the government of a country is elected by all of the people)

suppose [səpóuz]   통

- 내가 전화를 했는데 그가 받지를 않는다. 회사에서 일이 끝나지 않은 것으로 **suppose** 했다.(=think, believe or consider that

---

훔 쳐 보 기

* sentence	· 문장	* electricity	· 전기
* worm	· 벌레, 지렁이	* democracy	· 민주주의
* sight	· 시력	* suppose	· -라고 생각하다, 추정하다
* dye	· 염색하다		

something is probable)
- 지금쯤 그녀가 집에 도착했을 것으로 **suppose** 했다.
- 상황을 따져 보니 네가 옳다고 **suppose** 한다.

factory [fǽktəri] 명

- 자동차를 판매하는 영업소는 도시에 많이 있지만, 자동차를 만드는 **factory** 는 도시 외곽에 있다.(=a building or group of buildings where goods are manufactured)

trouble [trʌ́bəl] → 통 trouble 명

- 그는 직장에서 해고를 당해서 경제적으로 **trouble** 을 겪고 있다.(=problems, difficulty, worry, etc)
- 에어컨에 **trouble** 이 있는 것 같다. 작동이 되지 않는다.

detective [ditéktiv] 명

- 그녀는 남편이 만나고 있는 여자에 대한 정보를 알기 위해 **detective** 한 명을 고용했다.(=someone who is paid to discover information about someone or something)

recycle [riːsáikəl] 통

- 옛 신문이나 버려진 종이들을 **recycle** 하여 만든 휴지들이 나오고 있다.(=process used objects and materials so that they can be used again)
- 쓰레기 중에서 알루미늄캔이나 빈 병, 종이류 등을 따로 분리하는 것은 그것을 **recycle** 하기 위해서다.

unknown [ʌ̀nnóun] 형 형

⊎ famous
- 그가 직장을 그만 둔 이유는 **unknown** 하다. 그 이유를 아는 사람은 아무도 없다(=not known)
- 그는 **unknown** 한 작가였지만, 그 책을 출판하고 나서 그는 유명

훔 쳐 보 기

* factory	• 공장	* recycle	• 재활용하다, 재생 이용하다
* trouble	• 어려움, 말썽	* unknown	• 알려지지 않은
* detective	• 탐정		• 유명하지 않은

해졌다.(=not famous)

trade [treid] → 图 trade   명
- 우리 나라의 주요 **trade** 상대국은 미국, 일본, 유럽이다. 특히 일본과의 **trade** 에서는 수출보다 수입이 훨씬 많아서 매년 적자를 기록하고 있다.(=the activity of buying and selling large quantities of goods)

religious [rilídʒəs] → 명 religion   형 형
- 그 나라의 국민들은 **religious** 한 이유로 소고기를 먹지 않는다.(=connected with religion)
- 그는 매일 몇 시간씩 기도를 드릴 정도로 **religious** 한 사람이다.(=having a strong belief in a religion)

drugstore [drʌ́gstɔ̀:r]   명
- 그녀는 **drugstore** 에서 소화제와 두통약을 구입했다.(=a shop that sells medicines, beauty and baby products etc)

truth [tru:θ] → 형 true   명
- 법정에서 그는 오직 **truth** 만을 말할 것을 맹세했다.(=that which is true)

fantastic [fæntǽstik]   형
- 어젯밤의 파티는 정말 **fantastic** 했다.(=very good; excellent)

system [sístəm]   명
- 정부는 현재의 교육 **system** 을 개혁할 것을 검토하고 있다.(=a set of ideas or rules for organizing something)
- 그녀는 미국의 법률 **system** 과 독일의 법률 **system** 을 비교해 보았다.

훔쳐보기

* trade • 무역, 장사	* truth • 진실, 사실
* religious • 종교의, 종교에 관한	* fantastic • 훌륭한, 매우 좋은
• 신앙심이 깊은	* system • 제도, 방식
* drugstore • 약, 화장품 등을 파는 상점	

tie [tai] → 몡 tie   통
- 그는 풀린 구두끈을 단단히 **tie** 했다.(=fasten with a string, rope, etc)

unify [júːnəfài] → 몡 unification   통
- 고구려, 백제, 신라로 나누어져 있던 삼국이 7세기에 신라로 **unified** 되었다.(=make or form into a unit; unite)

variety [vəràiəti] → 통 vary   혱 various   몡
- 그가 지금 하고 있는 일은 **variety** 가 많다. 그는 매일 다른 일을 하고 있다.(=the state of being varied; difference; change)

fare [fɛər]   몡
- 버스 **fare** 가 다음 주에 50원 인상된다고 한다.(=the amount of money you pay to travel by bus, train, etc.)

worth [wəːrθ]   몡
- 그는 그 집의 **worth** 를 100만 달러로 추측했다.(=value measured in money)
- 이 피아노는 약 100만원의 **worth** 정도로 생각한다.

state [steit] → 통 state   몡
- 그녀의 마음은 지금 혼란스런 **state** 이기 때문에, 어느 정도 시간 이 지난 후에 그녀를 만나는 것이 좋을 것이다.(=the condition of a person or a thing)

훔쳐보기

* tie	• 묶다, 매다	* fare	• 요금
* unify	• 통합하다, 통일하다	* worth	• 가치, 값
* variety	• 변화, 다양성	* state	• 상태, 상황

부 록

- 인칭 및 의문 대명사의 변화
- 자주 쓰이는 줄임말
- 영어의 모음과 자음, 발음기호
- 반의어 만들기
- 불규칙 동사
- 찾아보기
- 퍼즐 정답

■ 인칭 및 의문 대명사의 변화

인칭	뜻	(주어) ~가~는	(소유) ~의	(목적) ~을~에게	(소유물) ~의 것
1인칭	나	I	my	me	mine
	우리들	we	our	us	ours
2인칭	너(너희들)	you	your	you	yours
3인칭	그이	he	his	him	his
	그녀	she	her	her	hers
	그것	it	its	it	–
	그들(그것들)	they	their	them	theirs
의문	누구	who	whose	whom	whose
	무엇	what	–	what	–
	어느 쪽	which	–	which	–

■ 자주 쓰이는 줄임말

I'm	I am	let's	let us
we're	we are	don't	do not
you're	you are	doesn't	does not
he's	he is(has)	didn't	did not
she's	she is(has)	haven't	have not
it's	it is(has)	hasn't	has not
they're	they are	isn't	is not
I'll	I will(shall)	wasn't	was not
we'll	we will(shall)	aren't	are not
you'll	you will(shall)	weren't	were not
it'll	it will	won't	will not
they'll	they will(shall)	can't	can not
I've	I have	mustn't	must not
we've	we have	shouldn't	should not
you've	you have	wouldn't	would not
they've	they have	what's	what is
you'd	you had(would)	who's	who is

■ 영어의 모음과 자음, 발음기호

모 음			자 음		
	기호	예		기호	예
단 모 음	i	city [síti씨티]	파 열 음	p	pig [pig픽]
	i:	see [si:씨-]		b	big [big빅]
	e	head [hed헷]		t	ten [ten텐]
	æ	gas [gæs개스]		d	door [dɔ:r도-어]
	ɑ	box [bɑks박스]		k	come [kʌm컴]
	ɑ:	father [fá:ðər파-더]		g	gate [geit게이트]
	ɔ:	talk [tɔ:k토-크]	비 음	m	name [neim네임]
	ɛ	air [ɛər에어]		n	nine [nain나인]
	u	book [buk북]		ŋ	sing [siŋ씽]
	u:	soup [su:p수-프]	측음	l	look [luk룩]
	ʌ	son [sʌn썬]	마 찰 음	f	five [faiv파이브]
	ə:r	bird [bə:rd버-드]		v	view [vju:뷰-]
	ər	actor [æktər액터]		θ	thank [θæŋk땡크]
	ə	about [əbáut어바웃]		ð	this [ðis디스]
이 중 모 음	ei	face [feis페이스]		s	six [siks씩스]
	ou	boat [bout보웃]		z	zoo [zu:주-]
	ai	strike [straik스트라익]		ʃ	show [ʃou쇼우]
	au	out [aut아웃]		ʒ	vision [víʒən뷔전]
	ɔi	boy [bɔi보이]		h	who [hu:후-]
	iər	hear [hiər히어]		r	fry [frai프라이]
	ɛər	care [kɛər케어]		j	yes [jes예스]
	ɔər	store [stɔər스토어]		w	we [wì:위-]
	ɑər	guitar [gitáər기타-]	파 찰 음	tʃ	church [tʃə:rtʃ처-춰]
	uər	sure [ʃuər슈어]		dʒ	jump [dʒʌmp점프]

■ 반의어 만들기

단어 머리에 un, in, im, il, ir, dis, de 와 같은 접두사를 붙여 반의어가 되는 단어들.

1. un	happy	→	unhappy
	fortunate	→	unfortunate
	able	→	unable
	certain	→	uncertain
	known	→	unknown
	tidy	→	untidy
	friendly	→	unfriendly
	employed	→	unemployed
	lock	→	unlock
2. in	efficient	→	inefficient
	correct	→	incorrect
	visible	→	invisible
3. im	possible	→	impossible
	polite	→	impolite
	patient	→	impatient
4. il	literate	→	illiterate
	legal	→	illegal
5. ir	regular	→	irregular
	responsible	→	irresponsible
6. dis	agree	→	disagree
	appear	→	disappear
	like	→	dislike
	approve	→	disapprove
	honest	→	dishonest
7. de	increase	→	decrease
	ascend	→	descend

■ 불규칙 동사

동사	과거형	과거분사형
arise	arose	arisen
awake	awoke	awoken
	awaked	awaked
be(am/is) (are)	was	been
	were	
bear	bore	born
beat	beat	beaten
become	became	become
begin	began	begun
bend	bent	bent
bet	bet	bet
	betted	betted
bind	bound	bound
bite	bit	bitten
bleed	bled	bled
blow	blew	blown
break	broke	broken
breed	bred	bred
bring	brought	brought
build	built	built
burst	burst	burst
buy	bought	bought
cast	cast	cast
catch	caught	caught
choose	chose	chosen
cling	clung	clung
come	came	come

동사	과거형	과거분사형
cost	cost	cost
creep	crept	crept
cut	cut	cut
deal	dealt	dealt
dig	dug	dug
dive	dived dove	dived
do (does)	did	done
draw	drew	drawn
drink	drank	drunk
drive	drove	driven
eat	ate	eaten
fall	fell	fallen
feed	fed	fed
feel	felt	felt
fight	fought	fought
find	found	found
fly	flew	flown
forecast	forecast	forecast
forget	forgot	forgotten
forgive	forgave	forgiven
freeze	froze	frozen
get	got	gotten
give	gave	given
go	went	gone
grow	grew	grown
hang	hung(hanged)	hung(hanged)

동사	과거형	과거분사형
have	had	had
hear	heard	heard
hide	hid	hidden
hit	hit	hit
hold	held	held
hurt	hurt	hurt
keep	kept	kept
know	knew	known
lay	laid	laid
lead	led	led
leave	left	left
lend	lent	lent
let	let	let
lie	lay	lain
light	lit	lit
	lighted	lighted
lose	lost	lost
make	made	made
mean	meant	meant
meet	met	met
mistake	mistook	mistaken
overcome	overcame	overcome
pay	paid	paid
put	put	put
read	read	read
rend	rent	rent
ride	rode	ridden

동사	과거형	과거분사형
ring	rang	rung
rise	rose	risen
run	ran	run
say	said	said
see	saw	seen
seek	sought	sought
sell	sold	sold
send	sent	sent
set	set	set
shake	shook	shaken
shine	shone	shone
shrink	shrank	shrunk
	shrunk	
shut	shut	shut
sing	sang	sung
sink	sank	sunk
	sunk	
sit	sat	sat
sleep	slept	slept
slide	slid	slid
speak	spoke	spoken
spend	spent	spent
spin	spun	spun
	span	
spit	spat	spat
	spit	spit
split	split	split

동사	과거형	과거분사형
spread	spread	spread
spring	sprang	sprung
	sprung	
stand	stood	stood
steal	stole	stolen
stick	stuck	stuck
sting	stung	stung
strike	struck	struck
swear	swore	sworn
sweep	swept	swept
swim	swam	swum
take	took	taken
teach	taught	taught
tear	tore	torn
tell	told	told
think	thought	thought
throw	threw	thrown
understand	understood	understood
upset	upset	upset
wake	woke	woken
	waked	waked
wear	wore	worn
weep	wept	wept
win	won	won
wind	wound	wound
write	wrote	written

찾 아 보 기

A

ability	172
absent	63
absolute	153
accent	78
accept	210
accident	90
ache	83
achieve	130
act	59
active	65
actor	88
actress	95
actual	211
add	69
address	86
admire	211
adult	129
advance	141
adventure	146
advise	142
afford	162
afraid	70
age	56
agree	101
aim	146
air	59
airport	58
alike	64
alive	80
allow	66
aloud	97
amateur	90
amaze	199
ambassador	149

ambitious	149
amount	181
ancestor	226
ancient	205
angle	71
angry	69
animal	51
answer	82
anxious	217
apart	98
apartment	99
appear	80
appearance	186
applaud	146
application	209
apply	132
appointment	223
appreciate	198
area	44
army	60
arrest	133
arrive	11
art	17
article	170
artist	71
ashamed	166
ask	20
asleep	81
athlete	187
attack	196
attend	171
attention	211
attic	171
attract	134
author	92

avenue	166
avoid	129
awake	83
awful	191

B

bad	11
bake	53
balance	12
bank	85
bare	96
bargain	88
bark	99
base	82
basic	93
bath	17
bathroom	91
battle	172
beach	96
bear	67
beast	79
beat	153
beauty	78
beg	84
beggar	81
begin	24
believe	13
belong	99
bend	65
besides	82
bet	91
bicycle	31
bike	31
bill	86
biography	220

birth	216	bright	109	change	13
birthday	83	bring	52	channel	86
bite	68	bubble	155	character	151
blackboard	37	build	54	charge	200
blame	197	burden	172	cheap	65
blanket	96	burn	16	check	215
blaze	157	burst	135	chew	90
bleed	190	bury	170	chief	180
blind	84	business	97	child	18
block	69	busy	56	chimney	70
blood	65	buy	58	choose	70
bloom	94			church	22
blossom	205	**C**		citizen	227
blow	85	cage	89	city	26
board	110	calendar	92	clap	221
boil	143	call	17	classical	166
bomb	87	calm	87	claw	101
bone	41	campaign	196	clean	15
bookstore	97	canal	162	clear	30
booth	222	candle	76	climate	213
border	68	cane	114	climb	137
bore	64	capital	174	clock	28
born	87	captain	98	close	17
borrow	66	care	18	clothes	71
bother	158	carry	15	cloud	30
bottle	43	case	77	cloudy	101
bound	76	cash	79	coal	124
bow	48	cast	135	coin	76
brain	218	castle	91	cold	37
branch	89	catch	11	collect	131
brave	88	cause	100	college	104
break	63	ceiling	92	colony	174
breathe	199	celebrate	203	colorful	187
breeze	70	ceremony	223	comedy	124
brick	124	certain	101	comfort	133
bride	222	challenge	176	common	150
bridge	50	chance	96	communicate	176

company	147	crazy	73	delight	233
compare	162	create	142	deliver	146
complain	191	creep	192	democracy	239
complete	136	crew	167	depend	197
concern	192	crop	91	describe	235
concert	78	crowd	81	desert	186
condition	63	crown	81	destroy	227
conduct	193	cruise	220	detective	240
confidence	194	cry	50	develop	84
conflict	140	cube	85	devote	181
congratulate	195	culture	85	diary	41
connect	141	curious	163	dictionary	89
consider	195	current	167	die	45
content	144	custom	100	different	12
contest	154			difficult	14
continent	197	**D**		dig	182
continue	68	damage	82	direct	97
contrary	214	dangerous	65	dirty	16
contrast	164	dark	22	disappear	152
control	104	dash	167	disappoint	179
convenient	196	data	83	discover	137
conversation	148	date	25	discuss	86
cook	92	daughter	87	disease	203
cool	43	dawn	229	dish	49
cooperate	226	dead	31	distance	90
copy	105	deaf	60	distant	97
correct	177	deal	150	disturb	136
cost	88	dear	96	dive	98
costume	178	death	231	divide	166
cough	78	debt	218	doubt	152
counr	46	decide	68	drag	181
couple	95	declare	151	draw	218
courage	71	decrease	135	drink	52
course	95	deep	35	drive	51
cousin	93	defend	133	drop	91
cover	66	degree	236	drown	204
crash	202	delicious	146	drugstore	241

dry	12	examine	143	fat	12
dull	92	example	76	fault	153
dumb	60	excellent	218	favor	85
dye	239	except	134	favorite	205
		exchange	165	fear	157
E		excite	187	feast	159
earn	147	excuse	78	feed	86
earth	17	exercise	80	feel	19
easy	58	exhibit	136	female	231
economy	204	exit	54	fence	106
edge	69	expect	66	fight	87
educate	222	expensive	158	figure	88
effect	185	experience	182	fill	48
effort	168	explain	129	final	124
elect	214	explode	213	find	11
electricity	239	explore	147	finger	19
elementary	154	export	214	finish	107
empty	79	express	140	fire	51
endure	136	extra	231	firm	143
enemy	72			fish	38
energy	17	**F**		fit	162
engage	154	face	18	fix	192
engineer	231	fact	115	flag	232
enjoy	21	factory	240	flame	218
enough	57	fail	81	flat	137
enter	111	faint	166	flee	201
environment	222	fair	83	float	132
equal	67	fall	24	floor	20
equipment	175	false	83	flow	99
erase	230	familiar	158	fly	20
error	176	family	56	fog	100
escape	132	famous	105	follow	112
even	111	fantastic	241	food	20
event	87	fare	242	fool	21
evil	118	farm	53	foolish	113
exact	145	fast	35	force	221
examination	186	fasten	191	forecast	238

foreign	113	glue	233	heat	121
forest	116	goal	104	heaven	118
forget	131	government	104	heavy	26
forgive	163	grade	210	help	26
form	108	graduate	140	hide	66
fortunate	184	grass	23	high	27
fortune	194	grave	202	hire	141
found	217	greet	104	hit	27
foundation	201	grip	227	hobby	197
free	22	ground	50	hold	110
freeze	101	growth	105	hole	119
fresh	12	guard	131	holiday	27
friend	49	guess	148	honest	124
frighten	164	guide	122	honor	216
fruit	22	gun	114	hope	28
fry	232	gym	233	hospital	232
full	22	gymnasium	233	host	112
funeral	164			hot	28
funny	118	**H**		hour	59
fur	235	habit	131	house	29
furious	234	hair	24	hug	174
furniture	233	half	24	huge	141
future	27	handicap	207	humor	115
		handle	217	hungry	113
G		handsome	114	hunt	112
gain	142	hang	105	hurry	119
garage	238	happen	25	hurt	140
garbage	232	happy	25		
gather	67	hard	13	**I**	
general	72	hardship	171	ice	29
ghost	101	harm	67	idea	29
giant	122	harmony	221	idle	98
gift	84	harvest	144	ignore	142
glad	22	hatch	233	ill	29
glass	23	hate	157	imaginary	213
global	195	health	120	imagine	148
glory	207	heart	114	immigrate	232

important	13	kid	99	list	111
impossible	129	kill	31	listen	54
impress	168	kind	121	literature	154
income	167	king	36	live	14
increase	133	kitchen	121	local	193
independence	192	knife	38	locate	155
industry	152	knock	95	lock	95
informal	230	know	34	lonely	119
information	227			look	35
insect	169	**L**		loose	134
instance	228	lake	34	lose	64
instead	230	land	37	loud	71
instrument	149	language	123	low	35
intelligent	208	last	119	luck	220
interest	89	late	38	lunch	36
interested	13	laugh	115		
introduce	179	law	123	**M**	
invade	196	lay	40	machine	119
invent	135	lead	120	mad	36
invite	69	leaf	121	magazine	173
island	123	learn	14	magic	105
item	171	leave	70	magnificent	155
		lecture	133	mail	155
J		legend	154	main	73
jail	230	lesson	99	maintain	208
jewel	156	letter	44	male	233
job	64	level	91	map	36
join	30	library	184	march	77
joke	26	license	185	market	115
judge	150	lie	46	marry	113
jump	30	life	55	master	209
junior	117	lift	132	match	168
justice	216	light	53	matter	175
		like	31	mayor	235
K		limit	130	meal	123
keep	31	line	106	mean	175
kick	121	link	172	means	157

measure	215	name	44	ordinary	184
meat	108	narrow	93	organization	230
medicine	158	nation	234	organize	163
meet	41	native	145	origin	214
melt	134	natural	79	overcome	163
memorize	231	nature	38	own	155
memory	113	naughty	199		
mention	218	near	38	**P**	
mercy	176	neat	200	pain	137
merry	42	necessary	72	pair	34
method	164	need	31	palace	231
middle	45	neighbor	93	pale	202
mind	47	nervous	211	parade	113
mineral	159	nest	206	parcel	181
minister	130	net	122	pardon	164
miracle	207	next	39	parents	41
mirror	48	nice	39	part	111
miss	71	nod	205	particular	214
mistake	142	noise	79	pass	41
mix	64	normal	140	passenger	235
modern	159	note	34	pat	234
moment	110	notice	215	patience	198
money	39	number	40	patient	130
monitor	153	nurse	109	pay	14
moon	37			peace	57
motion	230	**O**		peak	235
mountain	42	obey	134	pencil	55
move	14	observe	135	people	59
movie	118	obvious	200	perfect	209
multiply	137	ocean	40	perform	130
museum	38	offer	154	person	236
music	34	office	35	pet	187
mystery	145	oil	40	physical	203
myth	145	open	40	pick	42
		operator	234	picture	39
N		opinion	180	pilot	237
nail	114	order	73	pity	226

place	18	principal	149	reach	109
plan	236	prison	218	read	48
plant	236	private	199	ready	44
plate	150	prize	237	real	117
play	23	problem	202	realize	169
pleasant	151	produce	168	reason	213
please	237	professor	196	receive	172
pleasure	193	progress	144	recommend	182
pocket	110	project	216	record	116
poem	204	promise	206	recycle	240
poison	140	promote	159	refuse	215
police	42	prosper	184	regular	198
pollute	131	protect	184	relation	198
pond	107	proud	93	relative	144
poor	42	prove	152	relax	152
popular	174	proverb	223	religious	241
population	156	public	222	remain	200
position	174	pull	36	remember	108
possible	173	punish	196	remind	205
post	171	purpose	194	remove	206
pour	141	purse	228	rent	76
power	116	push	54	repair	206
practical	132			repeat	165
practice	170	**Q**		report	122
pray	169	quality	197	represent	147
precious	167	quarrel	185	reservation	236
prefer	166	question	120	resource	187
prepare	43	quick	113	respect	183
present	43	quiet	15	responsible	200
president	165	quit	168	rest	94
press	180			result	80
pretend	182	**R**		return	15
pretty	29	race	238	rice	44
prevent	159	rage	229	rich	57
price	60	rain	43	ride	44
pride	158	raise	80	right	45
prime	177	rare	220	ring	45

rise	47	sell	30	skill	194
river	45	send	117	skin	193
road	46	sense	117	sleep	49
role	201	sentence	239	slip	98
roll	122	separate	173	slope	212
roof	115	serious	173	small	50
room	52	servant	204	smart	212
rough	212	serve	115	smell	109
rub	190	settle	204	smoke	21
rude	190	shake	108	smooth	77
rule	77	shame	237	snow	25
		shape	163	soap	118
s		share	169	sob	213
sacrifice	218	sharp	218	soccer	110
sad	46	shelter	219	social	191
safe	39	shine	47	society	208
sail	114	ship	48	soil	229
sale	115	shock	116	soldier	119
same	46	shoot	48	solve	145
sand	47	shop	48	son	27
satellite	223	short	42	song	29
satisfy	63	shout	109	sore	209
save	15	show	49	sorrow	180
saw	118	shrink	223	soul	218
scene	236	shut	116	sound	28
scenery	238	shy	94	sow	214
schedule	223	sick	116	space	120
scholar	202	sight	239	speak	27
scold	221	sign	107	special	233
sea	47	silence	205	spectator	210
search	197	silly	208	speed	50
season	122	similar	156	spend	206
seat	112	simple	117	spin	199
secret	147	sink	117	spirit	190
section	217	sit	49	spit	232
seed	238	situation	175	splash	183
select	203	size	49	splendid	179

spot	170	suit	149	tooth	53
spread	165	sun	45	top	53
stadium	232	support	178	total	106
stammer	165	suppose	239	touch	53
stamp	234	surface	195	tough	216
stand	111	surprise	94	trade	241
stare	94	survive	226	traffic	203
start	35	sweat	179	tragedy	183
starve	195	sweet	19	train	21
state	242	swim	23	translate	227
station	121	system	241	transport	201
stay	39			trash	237
steal	194	**T**		travel	21
steam	235	tail	107	treasure	151
steep	192	talent	176	treat	162
stick	191	talk	51	tremble	156
stone	112	tall	51	trick	156
stop	41	tap	207	trouble	240
store	51	taste	107	true	54
storm	187	tea	52	trust	228
story	26	teach	25	truth	241
stove	124	tear	23	try	55
straight	124	temperature	207	turn	20
strange	123	tempt	177	twinkle	228
stream	237	terrible	178	type	234
strength	186	thank	24		
strict	186	thick	185	**U**	
strike	230	thief	221	ugly	228
strong	16	think	52	understand	119
structure	184	throw	16	uniform	228
student	54	ticket	111	unify	242
study	51	tidy	226	unique	229
stupid	82	tie	242	unite	227
subject	182	tight	151	universe	229
suburb	181	tiny	179	unknown	240
succeed	180	tire	209	use	55
sudden	123	tomb	179	usual	121

V

vacation	186
vain	190
valuable	210
variety	242
various	207
vase	107
vegetable	177
vision	183
visit	16
voice	148
vote	208
voyage	212

W

wait	11
wake	120
walk	55
wall	56
wander	213
want	56
warm	56
warn	177
wash	19
waste	220
watch	23
weak	60
wealth	212
wear	25
weather	147
weight	106
welcome	112
wet	28
wheel	210
wide	34
wife	35
wild	37

win	109
wind	57
window	57
wing	106
wipe	215
wise	19
wish	24
wood	58
word	52
work	58
worm	239
worry	17
worth	242
wound	143
wrap	211
write	59
wrong	18

Y

year	59
yell	229

Z

zoo	106

☞ 32쪽 정답

T	R	U	E		A	R	E	A
I		G			D		A	
C		L			D		S	
K		Y	E	A	R		Y	
E					E			
T	H	I	N		S			
	A				S	O	A	P
	R						A	
	D	E	C	I	D	E		Y

☞ 74쪽 정답

A	C	C	E	P	T			H
G			O					U
R	U	B		L	E	A	R	N
E		O		I		G		T
E		T		C		E		
		H		E				
		E			P	A	I	N
A	R	R	I	V	E		L	
					T		L	

☞ 102쪽 정답

A	D	U	L	T		B	A	D
	I					L		I
	S					O		E
	C	O	R	R	E	C	T	
	U		E			K		
	S		P				E	
E	S	C	A	P	E		X	
			I				I	
		A	R	R	E	S	T	

☞ 138쪽 정답

E	X	P	E	C	T		A	
		O		H	A	R	M	
		P		I			T	
		U		E				
B	I	L	L		F	A	I	L
L		A					D	
I		R	U	D	E		L	
N							E	
D	E	S	T	R	O	Y		

☞ 188쪽 정답

G	U	E	S	S			O	
I				A	N	G	R	Y
F			D				D	
T	I	N	Y				E	
	G			C	A	R	R	Y
	N					E		
R	O	U	G	H		L		
	R		U		M	A	I	N
	E		N			X		

☞ 224쪽 정답

M		F		S		A	S	K
O	R	I	G	I	N			I
D		R		N				C
E		M		K	N	O	C	K
R						B		
N	O	I	S	E		E		
			A			Y		
W	A	R	M					
			E	N	G	A	G	E